走进广州好教育丛书·好教师系列

ZOUJIN GUANGZHOU HAOJIAOYU CONGSHU
HAOJIAOSHI XILIE

徐辉◇著

生命在物理星空绽放

徐辉

的

教育人生追求

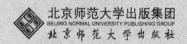

北京师范大学出版集团
BEIJING NORMAL UNIVERSITY PUBLISHING GROUP
北京师范大学出版社

图书在版编目(CIP)数据

生命在物理星空绽放：徐辉的教育人生追求 / 徐辉著 .—北京：
北京师范大学出版社，2020.5

（走进广州好教育丛书 . 好教师系列）

ISBN 978-7-303-23306-9

Ⅰ.①生…　Ⅱ.①徐…　Ⅲ.①中小学教育一文集　Ⅳ.①G63-53

中国版本图书馆 CIP 数据核字(2018)第 009952 号

营　销　中　心　电　话　010-58802135　010-58802786
北师大出版社教师教育分社微信公众号　京师教师教育

SHENGMING ZAI WULI XINGKONG ZHANFANG：XUHUI DE
JIAOYU RENSHENG ZHUIQIU

出版发行：北京师范大学出版社　www. bnup. com
　　　　　北京市西城区新街口外大街 12-3 号
　　　　　邮政编码：100088
印　　刷：天津旭非印刷有限公司
经　　销：全国新华书店
开　　本：787 mm×1092 mm　1/16
印　　张：14.5
字　　数：207 千字
版　　次：2020 年 5 月第 1 版
印　　次：2020 年 5 月第 1 次印刷
定　　价：46.00 元

策划编辑：路　娜　郭　翔　　责任编辑：欧阳美玲　李会静
美术编辑：李向昕　　　　　　装帧设计：李向昕
责任校对：康　悦　　　　　　责任印制：马　洁

总序

《国家中长期教育改革和发展规划纲要(2010—2020 年)》提出:"办好每一所学校,教好每一个学生。"近年来,各地涌现出了一批好学校、好校长、好教师。总结和推广他们的经验,是推动我国教育改革和发展,提高教育质量,促进教育现代化的强大动力。广州市是我国改革开放的前沿,不仅有着深厚的文化积淀,而且在改革开放中敢为天下先,在教育领域积累了许多新经验。广州市教育局在《广州市教育事业发展第十二个五年规划》文件"办好让人民满意的教育"的要求下,决定组织编写"走进广州好教育丛书",实在是适逢其时。这是对广州市多年来教育改革创新的一次总结,也是对广州市今后教育改革的一次推动。

根据编委会的设计方案,丛书拟从广州市 1000 多所中小学校、10多万名教师中选出 10 所"好学校"、10 名"好校长"、10 名"好教师"列入首批出版计划。它们有的是已有 100 多年建校历史,积淀了深厚文化内涵,至今仍然在不断创新中继续勃发着育人风采的老学校;有的是办学时间不长,但在全校教职工磨砺创业、共同耕耘下办出水平的新学校。他们有的是办学理念先进、充满活力、管理经验丰富的好校长;有的是师德高尚、业务精湛、热爱学生的好教师。总之,他们热爱教育事业、热爱每一个学生,创造了卓越的成绩,是好学校、好校长、好教师队伍中的典范。

当前，我国教育正处在由数量发展转向质量提高的转折点上。到 2020 年，我国要基本实现教育现代化。教育现代化的实质就是要培养现代化的人。教育要回到原点，立德树人，培养具有为国家、为人民服务的责任心，具有创新精神和实践能力，并且具有国际视野和国际交往能力的人才。教育大计，教师为本。我们的校长和教师要立足中国，放眼世界，转变教育观念，改变人才培养方式，促进教育现代化的进程。

　　我希望广州市在编写"走进广州好教育丛书"的过程中继续挖掘先进人物和新鲜经验，率先实现教育现代化。

2016 年 7 月

　　2014 年的教师节前夕，我写了一篇《广州教育赋》，后来这篇文章在《中国教育报》上刊登了。在这篇赋中我有这么几句话："大信不约，好校长何止十百；大爱无疆，好老师何止百千；大成不反，好学生何止千万；大道不违，好学校就在此间。"中心意思是说，广州好教育是由十百千万的好校长、好教师、好学生和好学校共同铸成的。正是有着他们的大信大爱和大成大道，广州作为国家重要中心城市之一，在教育，尤其是基础教育方面，才能卓有建树，我们也才有可能推出一套"走进广州好教育丛书"。

　　在这篇序中我想表达三个朴实的想法。

　　第一个朴实的想法是，一座城市的教育发展单靠一两所名校，几位名师、名校长是支撑不起来的。能够为这座城市源源不绝地提供人才智力资源的应该是有那么一大群校长、一大批教师和一大拨学校。他们形成一个个各具怀抱的优秀群落，为这座城市辈代不绝地做着贡献，那我们就要为这一个个优秀群落树碑立传。对于广州这样有着将近 1500 所中小学的特大型城市而言，我们特别有理由这样做。正是有着他们的大信不约（《礼记·学记》）——真正的信义不需要盟约，他们才会在每一所学校不断坚守；正是有着他们的大爱无疆——博大的仁爱无边无际，他们才会为每一个学生殚精竭虑；正是有着他们的大道不违（原为"大道无

1

违",《晋书·嵇康传》）——不违背教育的使命与历史发展的规律，他们才会为每一个进步中的时代进行着生动的背书。有了他们，才会有一座城市的教育；有了他们，才会有一座城市的发展。有人要问，这套"走进广州好教育丛书"出齐会有多少册？老实说，我也不能确定。这第一批推出的 30 册只是一个开始，但我相信，只要这座城市在发展，属于这座城市的教育大赋就一定不会有画上句号的时候，它一定会以这样或那样的形式展现出来。

第二个朴实的想法是，对于基层教育工作者来说，我们真正需要掌握的教育规律和教育法宝就那么几条，如果我们钻进教育思潮的各种主义与模式的迷宫中不得而出，那就容易忘记教育最基本的追求。几年前，广州一个区的教育论坛请来了顾明远先生，顾先生在论坛上说："没有爱就没有教育，没有兴趣就没有学习。"我们深以为然。教育理论当然有很多，都值得我们认真学习，其他不讲，仅"因材施教"和"有教无类"两条，在我们的教育实践中是否做到了？我相信，如果我们做到了，那我们就有可能进入好教师、好校长、好学校的序列。所以，在这套丛书中，我们特别看重的是重返教育现场，讲好教育故事，今往兼顾，名特相谐。丛书所列既有杏坛前辈，也有讲台新秀；既有百年老校，也有后起名品；各好其好，好好共生。早在 100 多年前，广州教育就已经在现代化进程中开风气之先。比如说鼎鼎有名的万木草堂，20世纪 20 年代开辟新学堂；再比如说最早在广州推行开来的六三学制。在当下的教育大格局中，广州教育自然也不能落后，要有广州的好教育。

第三个朴实的想法是，好教育需要有一个好的教育生态。习近平总书记说："我们的人民热爱生活，期盼有更好的教育。"我们要努力办好让人民满意的教育，那这个教育上的"好"应该体现在哪些方面？除了上面提到的好学生、好教师、好校长、好学校之外，好的教育生态应该是一个必不可少的要素，这其中的一个重要标志就是能够形成尽可能多的教育共识。我们组织编写这套"走进广州好教育丛书"的一个目的就是通过展示我们的教育实践来推动形成更多的教育共识：原来在我们这座城市，在我们身边，就有这些好的教育，值得我们称赞，值得我们珍惜。我们的教育要全面上水平、走前列，行进过程中积累起来的好教育基础就是我们不断奋力前行的保证。

最后，作为这套丛书的策划者，我要特别感谢北京师范大学出版社，我仍记得三年前，时任北京师范大学副校长的杨耕同志领着北京师范大学出版社的朋友们和我们讨论这套丛书编写出版规划时的热烈情景；另外，我要特别代表广州市教育局感谢顾明远先生为本套丛书作序；还要感谢总主编吴颖民先生以及华南师范大学、广东第二师范学院、广州大学的分册编委的专家团队，正是他们的认真组织和每一位分册作者的孜孜以求，这套丛书才得以和各位读者见面。

屈哨兵

2016 年 7 月

前 言

QIANYAN

本书共分为五章。

第一章主要介绍我经过家庭的熏陶，努力学习，考上大学，选择教师为终身职业的过程。

第二章主要介绍我从一个农村孩子，在家人、老师、同事、领导、朋友的关心和帮助下，成长为一名优秀的人民教师的过程。

第三章主要介绍我教育实践、教学改革、教学方法、竞赛训练、学术研究的探索历程。我在教育教学实践中进行教学方法改革的探索、学术研究的思考，从而总结提炼出了"追求卓越、创新发展"的教学理念和富于个性化的教学风格；形成了"一教——教方法""两重——重自主学习、重探究讨论""三全——全员参与、全员合作、全员互动""四实——落实概念的理解、落实规律的应用、落实方法的总结、落实技巧的训练"的课堂教学方法；形成了特有的物理教学思想：通过物理教学，让学生懂得物理的价值、提升利用物理的能力、掌握物理的思想方法、学会物理的交流语言。

第四章主要介绍我引领青年教师和骨干教师成长的实践思考。我的成长和进步，得益于几位恩师的引领和指导。我也在向他们学习，帮助和指导青年教师成长，让教育事业后继有人，蓬勃发展。

第五章主要介绍我经过奋斗做出的一些成绩。

本书结合自身成长的经历，揭示了优秀教师成长的一般规律——优秀教师是由多种因素共同造就的，而最重要的是自己要有做一名优秀教师的梦想，并且为实现这个梦想锲而不舍地追求。希望本书对广大青年教师有所启示。

　　在本书编写的过程中，广州市第二师范学院闫德明教授、广州市增城区教研室徐海元主任给予了悉心指导，并提出了宝贵的建议；广州市南沙第一中学赵贵生、马媛、周莉梅、黄艳文老师对本书进行了文字校对工作；广州市南沙第一中学物理科组的全体教师给予了很多帮助。在此，对他们表示衷心的感谢！

目 录

MULU

第一章

选 择

第一节 家庭熏陶

1961 年 3 月 8 日我出生在湖北省英山县金家铺镇茶园村，家中排行老三。大姐徐贵春，1948 年生，一直在农村务农。大哥徐晓光，1953 年生，为金家铺中学职工。弟弟徐斌，1966 年生，现移居美国。

父亲徐庭基，1924 年生于一个富裕的农民家庭。爷爷徐高明一生勤劳，创造出一份殷实的家业，努力培养父亲读书。1948 年，父亲毕业于安徽机械工业学校，时值解放战争期间，回家当了两年农民。其间，他结合二十四节气研究种田技术，提高农作物的产量，收到了很好的效果。1949 年中华人民共和国成立后，国家急需有知识、有文化的人才。1950 年，他响应党和政府的号召，投身到新中国的教育事业中，在英山县一中做了一名中学数学教师，后申请调回离家较近的中学任教，于 1983 年退休，今年 95 岁，身体健康。

父亲性格温和，为人正直善良。他数学功底深厚，教学水平高，非常关心和爱护他的学生，定期进行家访，并与学生家长建立了良好关系，是一位典型的好教师。他最自豪的是，几十年来培养了大批学生，遍布英山县各机关单位和各个乡镇。年龄最大的学生与他相差不多，都对他尊敬有加。

母亲叶素华，1925 年生于一个地主家庭，虽是千金小姐，但没有上学读书。她记忆力很强，各种事件、账目几十年不乱，清清楚楚。父亲长期不在家，母亲里里外外一把手，一人撑起一个家，上要照顾爷爷奶奶，下要养育我们四个孩子。她一直在家务农，于 2007 年仙逝。

母亲性格开朗、乐于助人，只要有人求她帮忙，她都会力所能及地给予帮助。她常说："人家求你，是看得起你，能帮则帮。"

母亲爱整洁，家里收拾得干干净净、整整齐齐。我们的衣服虽然旧，但没有破的。她说："衣服笑破不笑补。"

母亲勤俭持家，做事有条不紊，计划性强。她常说："做事要有计划，不管做什么事，先要想周全，然后再做，才能做好。"

母亲对爷爷奶奶非常孝顺，特别是爷爷中风后瘫痪在床，她尽心照顾，每天早上将爷爷抱起放到躺椅上，中间还要抱爷爷上厕所，晚上再抱回到床上睡觉，几年如一日。要知道，爷爷身高 180 厘米，体重 65 千克，真是难为我母亲了。爷爷奶奶去世后，我家搬到外婆家的茶园村居住，母亲又负责照顾外婆，直到外婆去世。记得我家有个小土罐，每次父亲回家都要买点肉回来，母亲先切一块肉放在小土罐内，再放到灶中煨好，可香了，我吵着要吃，母亲却说："这是给外婆吃的，你还小，将来有的吃。"

母亲一生辛劳，白天参加生产队集体劳动，晚上为一家人的衣食住行操劳，记忆中母亲每天很早起床，很晚才睡，永远不知疲劳。她常说："人做事要勤奋努力，不怕辛苦。"

我从父母的身上学到了很多做人、做事的道理。特别是我当教师后，父亲经常跟我讲，要当一位好教师，首先做人要厚道；其次才是有过硬的教学业务能力；最后还要建立良好的人际关系。

第二节　金榜题名

父母给了我一个温暖的家，我的童年在无忧无虑中度过，一晃到了上学的年龄。1967 年，我在茶园村小学读书，教师都是本村的高中毕业生，他们都是我父亲的学生，对我一是关爱呵护，二是严格要求。我自认为是一名品学兼优的学生。小学数学应用题是有很大难度的，有些题目，我的老师还要去问我的父亲，才能讲清楚。我学得较好，几乎每次考试都是考满分。父亲回家也会出一些数学题考考我。我很期待父亲的考试，因为每当我出色地完成考试，都会得到奖励。我也因此更加热爱数学，并为初中的学习打下了良好的基础。

1972 年小学毕业，我进入茶园中学学习，此时父亲已调回到茶园中学任教，并教我们班的数学课。虽然那时不重视文化课学习，但只要是他的数学课，他都非常认真的备课和上课。没有课本，他就在黑板上抄写题目，让我们做在作业本上，并认真批改。在他的严格要求下，我的数学成绩一直名列前茅。初中数学的平面几何是重点，也是难点。他给了我一本平面几何习题集，要求我全部做完，并为我仔细讲解不懂的题目，直到我完全理解为止，这为我后来参加高考打下了良好的基础。

那时的农村学校只开三门课：语文、数学、劳动。劳动是一门重要的课程。我们在学校有劳动课，放学后要做家务劳动，寒假、暑假、农忙时都要参加生产队的集体劳动。

1975年，茶园中学开办了李家山林业高中，父亲主动申请去艰苦的林业高中任教。后来我才知道，他是为了我能上高中才主动去的。1976年，我在林业高中就读，因为一些原因没有学籍，属于读"黑书"，但不管怎样，有书读，我就很高兴。

1977年国庆节，我到姨妈家玩。姨父张恩民是英山一中生物教师，姨妈叶复华是英山县城关镇小学教师。姨妈说："国家决定恢复高考，你的初中学习成绩较好，到一中来读高中，这里条件好，将来考大学，好不好?"我高兴地说："好。"我立即回家跟父母商量，他们同意了。姨妈对我很好，视如己出。姨妈有三个子女，表妹张波，跟我同年，也读高一；表弟张亚，读初中；表弟张攀，读小学。我的到来增加了姨妈家的负担。好在我和几个表兄妹相处得很好，像一家人一样。

此时的英山一中已调回了"下放"到各乡镇学校的大批优秀教师，我决定从高一开始备战高考。当时英山一中没有全县招生，学生都是机关干部、工人子女，我是第一个从农村来的插班生。高一已分重点班和普通班，文、理科各一个重点班。高一理科重点班班主任是语文老师涂志安，其他任课教师分别为数学老师彭金寅、物理老师钱利民、化学老师许潢、政治老师汪锋建、英语老师吴东生。姨妈想让我读重点班，但校长说要考一考才能决定。说考就考，只考语文和数学。语文考试是写一篇作文，题目是：记一次有意义的劳动。这是我们经常写的作文，很容易就写好了。老师评价：语句通顺、结构完整，但词汇不丰富，比较平淡。数学考试是四道初中平面几何题。在数学彭老师的宿舍里，我只用了半小时就做好了，并且全对。彭老师并不吃惊，因为他曾在茶园中学任教，跟我父亲是同事，知道我的数学成绩好。他又将这四道初中平面几何题给重点班的同学做，一节课的时间，有二十多人做完，只有十二人全对。他力荐我读高一理科重点班，于是我就成了高一理科重点班的一名学生。我的到来，在班上曾引起一阵波澜。原来，彭老师跟学生们说："你们牛什么牛，农村来的徐辉就比你们强。"同学们后来跟我说，他们很好奇，什么样的人让我们挨了一顿骂。我很担心同学们会歧视我这个农村来的学生。但实际上我的担心是多余的，他们很快就接纳了我这个农村学生。而且，我与董意群、刘晓伟、熊得章、聂长生、王勇、胡育生、何龙奎、邓衍力、陆里阳等同学成了好朋友。

我很珍惜这来之不易的学习机会。我初中只学了语文和数学两门课。物理、化学、英语、政治得从头开始学，我只有比别人付出更多的努力才能迎头赶上。为此，我全身心地投入学习中。经过一年的学习，我的物理、化学、政治基本赶了上来。数学是我的强项，我学习数学如鱼得水，在英山一中、英山县、黄冈地区（现黄冈市）组织的各项数学竞赛中，多次获奖。大红的奖状寄回家，母亲把它们都贴在我家客厅的中央。

高二重新分班，我又幸运地留在了理科重点班。班级更换了两位老师，班主任是物理老师盛启刚，语文老师是陆洪哲，其他老师未变。盛老师物理功底扎实、教学能力强、教学水平高、教学效果好。听他的课是一种享受，我的物理学习兴趣大增，物理成绩也大幅提高。我渐渐喜欢上了物理，这为我后来选择学习物理专业，从事物理教学奠定了基础。

经过高中两年的学习，我的数学成绩一直名列前茅，其他学科的成绩也有较大的进步。在等待和期盼中迎来了 1979 年的全国高考。经过 7 月 7 日到 9 日三天的考试，我取得了高考总分 312 分的好成绩，当年湖北省高考理科本科录取分数线为 285 分。

我考上大学了。这在我的家乡引起了不小的轰动。我是中华人民共和国成立以来，家乡的第一个大学生。一时家里热闹非凡，亲朋好友、乡邻纷纷前来恭贺道喜。

第三节　无悔选择

在填报高考志愿时，我面临人生的一次重大选择，选择什么专业，意味着将来要从事什么职业。

母亲对我说："当老师好，你看你爸，有那么多的学生敬重他，多好啊，就当老师。"

父亲对我说："你可要想好了，要当就要当个好老师，否则会误人子弟的。"

姨父、姨妈对我说："当老师好。国家现在重视教育事业，老师的地位和待遇会越来越好。"

班主任盛老师对我说："你的性格适合当老师，只要好好干，将来一定会成为一位好老师。"

我当时想：高考改变了我的命运，老师是直接帮助我改变命运的人，我也要当老师，将来会改变很多人的命运，肯定会很有成就感。

就这样，我选择了读师范院校，选择将来当老师。在盛老师的建议下，我选择了他的母校武汉师范学院（现湖北大学）就读物理专业。

1979 年 8 月，收到录取通知书，我被武汉师范学院录取了，正式成为一名大学生。我的人生从此开始了新的篇章。

武汉师范学院坐落在武汉市沙湖边，风景秀丽，绿树成荫，是读书的好地方。

记得大学一年级刚入学时，面对一张张陌生而亲切的面孔，我是那样的懵懂青涩，对一切都好奇不已。初见辅导员，我诧异不已："这么年轻，好像才比我大两三岁就当大学老师了，真了不得！不知道他教的是哪门课程？"后来得知，他和我们一样都是学生，负责教大学入门课程。他告诉我们要注意哪些问题，如何让自己的大学生活过得更充实、更丰富，亦师亦友地陪着我们一路过来。

大学第一节课，很让人期待。我很认真地预习了所学内容。一节课下来，我发现大学老师讲课竟是那样海阔天空，学生不再需要盯着书本看，也用不着手忙脚乱地抄笔记。老师所讲的知识远超过课本上印刷的内容。大学老师大多很有个性，讲课形象生动，但也不免会遇到几位很传统的老师，讲课犹如催眠。尽管如此，我还是会规规矩矩到位，那时的大学生大抵都是这般循规蹈矩。

大学一年级的课不多，自由支配的时间多得总让人不知干什么。我就利用这些时间一头扎到图书馆读书。大学第一次期末考试是最让人紧张的，老师上课随意惯了，从不"按书出牌"，我们只好找上一届的师兄师姐取经。尽管前辈们都已告知考试易过，但是我们仍止不住惶恐。

每逢节假日，同学们集体出动，将武汉市的大街小巷摸个遍。几人一行，顾不得路人的目光，肆意谈笑，好不痛快。大学四年里，我觉得自己不是一个人在进步，身边一直都有同学和朋友在一起努力，一起前进。

我的大学生活就在这样紧张而忙碌的学习中结束了。它是我人生中最美好的时光。

1983 年大学毕业，我被分配到湖北省黄冈中学当了一名中学物理老师，从此开启了我的教师职业生涯。

第二章

成　长

第一节 恩师引领

1983 年 9 月,我有幸成为湖北省黄冈中学的一名物理教师。

湖北省黄冈中学创办于 1904 年,1953 年被湖北省政府首批确定为省重点中学,1993 年被湖北省政府首批认定为省级示范学校。学校办学历史悠久,文化底蕴深厚。100 多年来,黄冈中学共培养了四万多名毕业生。从这里走出了中国共产党的创始人之一董必武,革命志士詹大悲、董毓华,著名文艺理论家胡风,中科院院士、国家自然科学一等奖获得者舒德干,长征三号甲火箭总设计师贺祖明,音乐家王原平,在亚运会上一举夺得四枚金牌的体育健将邱波等一大批优秀人才。改革开放以来,黄冈中学全面贯彻党的教育方针,大力实施素质教育,着力推进教学改革,稳中求进,进中求实,实中求新,教育教学成绩显著,教研教改水平突出。

多年来,各级党委和政府都十分关心和支持黄冈中学的建设与发展。时任中央政治局常委的李瑞环、刘华清、李岚清、宋平等党和国家领导人曾亲临学校视察或题词。刘西尧、陈至立、周济三任教育部长先后莅临学校指导工作。学校共获得了"全国五一劳动奖状""全国文明单位""教育系统先进集体""全国德育先进校""全国贯彻学校体育工作条例优秀学校""全国学校民主管理先进单位"等 20 多个国家级荣誉以及 90 多个省、市级荣誉。

我一开始教八年级三个班的物理课。让我觉得幸运的是,物理特级教师田明庚也教八年级。

田老师是我教师成长路上的第一位恩师。当时湖北省只有 10 位特级教师,黄冈中学就有三位,田老师是当时全省唯一的物理特级教师。田老师名气大,水平高,性格温和,平易近人,和蔼可亲。我拜田老师为师,他高兴地收下了我这个小徒弟。

田老师经常跟我说,要做一名优秀教师,必须具备"四高":高尚的师德，这是一名优秀教师的灵魂；高深的学问，这是一名优秀教师的素质；高超的教学能力，这是一名优秀教师的风采；高超的教研能力，这是一名优秀教师的品位。

如何才能成为一名优秀的人民教师呢？田老师认为必须要做好以下四点。

第一，努力提高自身的道德素质，为师先为人。一名优秀的教师，除了必须以满腔的热情对待事业、对待学生以外，还必须自觉地、高标准地去塑造自身的人格，从而才能培养出学生健康的人格。

第二，努力提高自身的理论素质，加强教育理论学习，掌握教育的新思路与新观念。多读书、多积累，培养自己收集、查阅、分析、归纳各种资源的能力。凡是有用的资料都应收集。积累的意义在于运用，对自己的资料要经常翻阅，勤于分类整理，不断思考，要善于分析综合，比较鉴别，一个一个问题地编提纲或列表格、写专题等，或运用到教学中，或写成论文发表。

第三，努力提高自身的教学能力。教师之间要互相学习，刻苦钻研，不断总结经验。要成为一名优秀的教师，不能闭着眼睛一门心思地往前走，而应该不断回头看——这节课的教学方式在多大程度上达到了预期的效果？如何改进？教师可以采取录课的方式来仔细研究自己的教学过程，找出改进的方法，并及时听取学生的意见。

第四，努力提高自身的科研素质，要敢于怀疑习惯行为和常规做法，敢于探索，敢于创新；要成为精明细心的人，善于留心观察生活，善于从细小的行为中寻求其具有的普遍性规律；要脑勤、手勤、眼勤；要有实事求是的工作态度，不夸大其词；要有不怕挫折、锲而不舍的精神。所有这些素质对于教师搞好教育研究、提高自身能力都十分重要。

田老师说，只要真正热爱学生，具有高尚的师德，具备扎实、深厚的专业知识以及广泛而渊博的非专业知识和高超的教学能力，那么每一位教师都会成为学生喜爱的、优秀的人民教师。

我问田老师："怎样才能做到这些呢？"他说："读书、听课、反思、写文章。"

读什么书？怎么读才有效果？

田老师说，新教师要先研读初、高中的物理教材，并将上面的习题重新做一遍，要像学生做作业那样做才有效果；再读教学期刊，如《物理教学》《中学物理》《物理教师》《中学物理教学参考》等，要读完近 10 年各种物理教学期刊，并做好读书笔记，打好教学基本功；最后，要读教育教学理论书籍，提高教育教学理论水平。我按照田老师的要求，用了一个学期的时间，将初、高中的物理教材认真研读了一遍，上面的习题重新做了一遍，打好了扎实的基本功；又用了两年的时间，将学校图书馆保存的近 10 年的各种物理教学期刊读完了，并做了十几本读书笔记，积累了丰富的教学素材，为后来的教学、研究、写作提供了极大的帮助。后来，我又读了很多教育教学理论书籍，这不仅开阔了我的视野，提高了教育教学理论水平，而且使我站在了更高的起点上，有了更高的追求。

怎样听课才有效果？

田老师说，自己要先备课，再去听别人的课，带着问题听、带着想法听、带着思考听，才有效果。别人的东西不能全部直接拿来使用，要把别人好的东西消化吸收，融入自己的教学，才能提高自己的教学水平。我按照他的方法去听了很多老师的课，并从中学到了很多很好的教学方法与技巧，提高了自己的教学水平。

怎样反思才有效果？

田老师说，反思就是找自己的不足。人，找别人的不足容易，找自己的不足难。首先，要虚心向他人学习，取长补短；其次，要虚心接受他人的批评，改进自己的不足；最后，要找自己的不足，加以改进。比如说，课堂教学语言的提炼，只能靠自己反复锤炼。好的课堂，教学语言必须标准、流畅、简洁、清晰，尽量不要出现"嗯""啊""是不是""那么那么""这个这个"等口头禅。可以买一个小收录机（当时只有这个）把自己的课堂教学录下来，自己再反复听，不断改进。我按照田老师教的方法，反复听自己的课堂教学录音，不断改进教学语言，这为我后来参加全国优质课比赛，打下了很好的基础。

怎样写文章？

田老师说，首先，要多读书积累大量素材，要做有心人，主动收集各种教学资料；其次，要有自己真实的体会和感想，要有感而发；最后，要知道物理学文章的写作技巧。"多读胸中有本，多写笔下生花。""读书破万卷，下笔如有神。"他说："你写几篇给我看看，我给你改改。"于是，在他的鼓励下，我写出了我的处女作《热量教学体会》，经他推荐发表在湖北省物理学会主办的《中学物理报》(1985年)上，看到自己的文字变成了铅印字，还有8元稿费(至今还留作纪念)，高兴之情溢于言表。要知道，除了田老师之外，我是黄冈中学第一个公开发表文章的老师，这极大地激发了我写文章的兴趣，从此一发不可收拾，至今一共发表了100多篇文章。

田老师是我教师成长路上的引路人。我常想，如果我刚做老师时，没遇到田老师，我会变成怎样的老师？我不敢想象，好在没有如果，我是一个幸运的人。

我教师成长路上的第二位恩师是胡伦侠老师。她是武汉市人，毕业于华中师范大学物理系，1984—1986年任我的教学指导老师。她性格开朗、和蔼可亲，从生活、学习、工作各个方面全面关心和帮助我，特别是经她介绍，我有幸认识了我的妻子，从此有了一个温暖的家。后来，她调回武汉市第四中学任教，现已退休。

我教师成长路上的第三位恩师是钱利民老师。她毕业于华中师范大学物理系，被分配到黄冈中学任教，"文化大革命"时期在英山一中任教，是我读高中一年级时的物理老师，1981年又调回黄冈中学任教。1987年，我第一次担任高一物理老师，她和我任教同一年级，又是我的教学指导老师。她功底深厚，教学水平高，教学语言标准、流畅、简洁、清晰、抑扬顿挫，很有感染力。她性格开朗、平易近人，又与我有师生之谊，因此对我特别关心。经常是我先备好课，再去听她讲课，回来修改教案，再去上课，她又去听我讲课，听后又跟我共同研究与分析：哪些是成功之处，要发扬，哪些是不足之处，要改进。在她的指导下，经过三年的努力，我的教学水平有了较大的提高。1990年，我任教的第一届学生参加高考，我们交出了一份各方都满意的答卷。

我教师成长路上的第四位恩师是唐光成老师。他和钱利民老师是夫妻，毕业于华中师范大学物理系，被分配到黄冈中学任教。"文化大革命"时期在英山一中任教，1981年又调回黄冈中学任教，曾任黄冈中学物理教研组组长。他性格开朗、为人直爽，虽然没有和我同一年级共同教学，但他在政治、思想、教学业务、生活上都给予了我全方位的指导和关心，帮助我更好地成长。

我教师成长路上的第五位恩师是周本权老师。他是中学语文高级教师，是我1987年所教高一（1）班的班主任。他对我这个青年教师关爱有加，从为人处世、课堂管理、师生关系等方面给予了我很多指导。他是一位"幽默大师"，有他的地方就有欢声笑语，和他共事既轻松愉快又备感温暖。他一直任班主任，送走了八届高中毕业生，共有50多名学生考入清华大学、北京大学、华中科技大学等名校，1990年荣获王正本"园丁奖"。

我的成长和进步，得益于几位恩师的引领和指导。在此，衷心地感谢他们。我也要向他们学习，帮助和指导青年教师成长，让我们的教育事业后继有人、蓬勃发展。

第二节　同伴互助

在我的教师成长路上，黄冈中学物理教研组优秀同伴的帮助是功不可没的。

龚霞玲，中学物理特级教师，享受国务院政府特殊津贴的中青年专家，湖北省黄冈中学前任物理教研组组长，国际中学生物理奥林匹克主教练。因师德高尚、业绩卓著，她先后被推选为黄州区人大代表、湖北省三八红旗手标兵、湖北省劳动模范、第九届和第十届全国人大代表、湖北省十大女杰之一。

龚老师淡泊名利，忠诚教育事业；敢为人先，刻苦钻研教艺；乐于奉献，勤奋忘我工作；爱生如子，善于启发诱导，深受学生爱戴、同行钦佩。所任学科学生的高考成绩连年名列前茅。在全国物理奥林匹克竞赛训练中，1995 年高二学生王新元入选湖北省物理奥林匹克竞赛集训队，1996 年王新元以全国第 2 名的成绩进入国家集训队和国家代表队，1997 年王新元获第 28 届国际物理奥林匹克竞赛银牌，是我校继数学之后物理学科也在国际竞赛中夺得奖牌的第一人。1999 年学生方圆、杨宗长入选湖北省物理奥林匹克竞赛代表队，方圆入选全国集训队。2016 年，学生王星泽获第 7 届亚洲物理奥林匹克竞赛金牌和第 37 届国际物理奥林匹克竞赛金牌。

记忆犹新的是，我第一次上全校公开课"物体受力分析"，在备课时，龚老师充分肯定了我的优点，但同时提出了很多改进建议，帮助我将"物体受力分析"打造成精品课例。

刘祥，1988 年毕业于湖北师范学院物理系，同年被分配到黄冈中学任教，1998 年晋升为中学物理高级教师，2001 年破格晋升为中学物理特级教师，2004—2011 年任黄冈中学副校长，2011—2015 年任黄冈中学校长、党委书记，2016 年起任深圳市光明新区外国语学校校长，多次被评为学校"模范园丁""德育先进工作者""教坛新秀"，曾先后荣获"黄冈市优秀职工""黄冈市科技十强带头人""黄冈市优秀教师""湖北省有突出贡献的中青年专家""黄冈市劳动模范""黄冈名师"等荣誉称号。他从事国际物理奥林匹克竞赛辅导多年，所辅导的学生张曦在 2000 年举行的第 17 届全国中学生物理竞赛全国决赛中荣获第一名。学生王一凡在 2007 年获第 8 届亚洲物理奥林匹克竞赛金牌。

龚霞玲老师、刘祥老师和我三个人组成了物理奥林匹克竞赛教练组，我们共同学习、共同研究、共同进步、共同提高。那是一段令人难忘的愉快时光。

邢新山，湖北省物理学会会员，黄冈市物理教学研究会理事，1996年被授予"湖北省优秀青少年科技辅导员"称号；1998年被授予"湖北省师德先进个人"称号；2001年被授予"全国模范教师"称号；2004年被评为"黄冈名师"；2006年被评为湖北省第七批物理特级教师。

江楚桥，中学物理高级教师，曾任黄冈中学年级主任、教务处副主任，2004—2010年担任黄冈中学惠州学校执行校长，现任黄冈中学广州学校副校长。

郑帆，中学物理高级教师，电教处主任，湖北省优秀中学物理教师、黄冈名师、黄冈市劳动模范，享受省政府2011年度专项津贴。

几位优秀教师和我组成了一个研究团队。

我们在龚老师的领导下，相互合作。我们在专业争论中畅谈自己的思想观点，在理念碰撞中发现别人的真知灼见，在深度交谈中找出阻碍团队进步的消极因素，并依靠集体智慧来加以消除。积极探讨、同伴互助的有效形式，帮助我们之间平等对话、精诚协作、相互促进，在团队中共同成长。除了大家熟知的集体备课、以优带新、课例引领等形式外，我们还通过反思互动研究、案例评价分析和交流座谈讨论等来加强同伴之间的互助。

一、反思互动研究

通过反思教学，在教育理论的指导下，我们对过去的教学经验进行整理、思考、评价，制订新的教学计划，从而改进教学过程，提高自身素质。但个体的经验反思无论在深度上还是在广度上都是有限的，而群体共同反思教学实践，就有可能整合智慧、拓宽思维、触及教学中的深层次问题。那么，我们是如何在反思中互动、在互动中成长的呢？

(一)成立小组，明确分工

将全体教师按学科划分成若干个备课组，每个备课组明确各小组成员的职责。在每次教研活动中，各备课组都设组长一人，负责小组教研、讨论的组织调控。

(二)建立规则，明确程序

在教研讨论中，每个组员都有机会发言。为了按照科学程序开展反思互动教研活动，要制定行为规则和活动规划。在行为规则方面，要求小组成员依次轮流发言，并且做好个人学习笔记，其内容包括本人的观点、本组其他人的观点、小组交流的结果等。在活动规则方面，要求各备课组在组长的组织下开展教研讨论活动，组长针对教研专题向全体组员介绍本组讨论的结果，组员可以展开辩论。组长在每次讨论后将本组的问题反馈给学校。

(三)专题反思互动研究

我们定期确立教学研究专题，每个备课组进行研究，制订改进措施，完善教学实践，提高教学效率和质量。具体来说，加强教学前反思，重点研究学生的个体差异和课程资源的开发利用。每个成员都要精心设计教案，与其他成员一起研究讨论教案的可行性，共同修订教案。要加强教学中反思，重点研究教学过程与效果，分析学生在学习过程中对知识的掌握情况和出现的问题，对教学问题的调控措施及效果进行分析，总结自己满意的教学技艺和教学机智。每个成员都要做教学行为记录，组员之间相互听课、评课。我们一起观看教学录像，集体反思教学行为。加强教学后反思，重点对教学得失原因进行分析，制订教学策略改进方案。可以写教学后记，各备课组之间相互交流，共同完善改进方案。当然，每次专题教研活动都要有记录和总结，以便于检查和评价。

二、案例评价分析

好教师要成长为研究者。但从实际情况看，教师拥有大量生动、鲜活的事例，却并不擅长理论探讨。教师通过教学案例描述教学实践，可以把行动和研究紧密结合起来，有效地探究教学规律。实践表明，案例教学是教师专业成长的阶梯。案例学习、研讨、评析和撰写可以使教师之间加强沟通、分享经验。

(一)学习案例，加强剖析

在学习案例的过程中，我们可以快速提高分析问题、解决问题的能力和教学研究的能力。精选教学案例，进行专门学习，并由学科带头人龚霞玲老师进行剖析。龚霞玲老师结合新课程教学实际提出问题供我们讨论，最后由她做深刻点评；灵活调控学习进程，通过案例解读、课件演示、角色转换、情景模拟等方法激发我们参与案例学习讨论的积极性；让优秀教师刘祥、邢新山、江楚桥、郑帆"现身说法"，追述和反思自己的典型教学事件，在讲述中进行自我剖析和自我角色定位。

(二)撰写案例，加强点评

撰写案例可以促使我们更为深刻地认识自己工作中的重点和难点。为此，我们收集和整理实践素材，对实践素材进行研究，从中提炼有价值的东西，撰写教学案例；和同事一起修改、完善教学案例，使之成为具有典型意义的优秀案例、精品案例；在学科带头人龚霞玲老师的指导下，对教学案例进行具体点评，总结教学规律，提出注意事项等。

(三)评选案例，加强宣传

评选案例可以促使我们学习、研究和撰写教学案例，深入研究教学中的实际问题，积极寻找解决问题的方法和途径，提高专业化水平。每年组织一次优秀教学案例评选活动，按学段、分学科进行征集。对评选出来的优秀案例，要组织专门力量加工、整理，编辑成案例集，加强对优秀案例的宣传和推广，在更大范围内实现教师经验的共享。

三、交流座谈讨论

学科带头人龚霞玲老师通过组织教学交流座谈讨论活动，促使我们深度交流，就教学中存在的问题与同事进行深层次研讨，实现教研经验的共享。

(一)营造氛围，创设环境

加强教研组建设，制订教研计划，组织教研活动，营造浓厚的教研氛围，为教学交流座谈讨论活动开展创设支持性环境。我们撰写教学反思札记，总结教学经验，归纳教学方法，以便在教学交流座谈讨论活动中交流，为我们开展教学交流座谈讨论活动创设良好的环境。

(二)精心组织，加强管理

结合实际对教学交流座谈讨论活动的开展做出详细明确的规定。例如，每周组织一次教学交流座谈讨论活动，每周一确定教学交流座谈讨论活动主题；每学期必须参加一定次数的教学交流座谈讨论活动，每次参与教学交流座谈讨论活动都必须提出教学中存在的突出问题，参与改进措施的研讨；教学交流座谈讨论活动要有记录，参与教学交流座谈讨论活动要有总结，以便于检查评估。

我非常庆幸有这些优秀同伴的帮助，他们的帮助使我更快地成长为一名优秀教师。

第三节　家人支持

幸福的家庭，是我事业成功的保障。

1984 年 8 月，经胡伦侠老师介绍，我有幸认识了我的妻子林珂。她是一位妇产科医生，性格直爽、聪明伶俐。1986 年 1 月，我们结婚了。妻子爱整洁，勤俭持家。她总是把家里收拾得干干净净、整整齐齐的。她除了正常上班外，全心全意地照顾家庭，几乎包揽了全部家务活，为我做出了很大的牺牲。她工作勤奋努力，业务水平不断提高。2005 年，她评上副主任医师。既要忙工作，又要照顾家庭，真是难为她了。在她的支持下，我的工作干劲更足，全部的精力都用到了教学研究之中，这使我更快地成长。

1987 年 12 月，我们的儿子徐果出生了，儿子的出生给我们带来了欢乐，也带来了烦恼。我和妻子都要上班，儿子谁来带？为了支持我的工作，我的父母主动来给我带孩子，直到孩子上幼儿园。

我的岳父母都是黄冈中学的教师。岳父林钦良，性格直爽、乐于助人，1959年毕业于华中师范大学生物系，同年被分配到黄冈中学任教，中学生物高级教师。岳母王清贞，性格温和、待人真诚，1959年毕业于华中师范大学数学系，同年被分配到黄冈中学任教，中学数学高级教师。他们专业功底深厚，教育教学水平高、能力强，教学效果好。学生听他们的课是一种享受。他们是学生公认的好教师。特别是岳父林钦良，1993年，他被评为全国优秀教师。他不仅教学水平高，而且是全能型的人才。他学的是生物专业，因工作需要改教高中地理；他自学无线电技术，担任校办工厂"高频炼钢"技术指导，会修理各种家用电器；农林种植、园林艺术、手工编织、木工、电工、泥工、水工、厨艺等样样精通。

他们对我视如己出，一是关心爱护，要我妻子多分担家务，好让我将更多的精力投入教学工作中；二是严格要求，希望我做一名好教师；三是精心指导，要我多向优秀的教师学习，提高自己的教学水平；四是言传身教，为我树立了一个好教师的榜样。

儿子小时候我很少管他，现在他工作了，我希望他能明白，不管做什么都要认认真真，做事情只有全身心的投入，才能体会到其中的快乐。同时，孩子和老人看到了我真实的工作状态，他们也更加理解我，家人的支持有些时候更能给我提供无可替代的动力。

第四节　领导关怀

在我教师成长路上有几位领导的关心、信任、帮助、支持和指导是令我终生难忘的。

陈鼎常，曾任黄冈中学校长，湖北省黄冈市人大副主任，中学数学特级教师，第八届、第九届全国政协委员，第十届、第十一届全国人大代表，被国务院授予全国先进工作者称号，被国务院批准享受政府特殊津贴，被授予国家级有突出贡献中青年专家称号，获苏步青数学教育一等奖，被湖北省人民政府授予湖北省"十大杰出专业技术人才"称号，被评为湖北省"首届中教十大名师"，荣列中华人民共和国成立 60 周年"中国教育 60 人"，荣列中国"改革开放 30 年基础教育最具影响力人物 30 人"。他是中国数学奥林匹克湖北省领队、国际数学奥林匹克中国国家集训队班主任、国家队教练。

陈校长在政治上关心我，要求我积极进步。2001 年，我如愿加入了中国共产党，成为一名中国共产党党员。

他在业务上关心我，让我担任奥林匹克物理竞赛主教练，给予我成长的机会。2001 年，我的学生高俊在第 18 届全国中学生奥林匹克物理竞赛中表现突出，获得第三名，进入国家奥林匹克竞赛集训队。那时国家奥林匹克竞赛集训队训练地点设在复旦大学。我带着高俊参加国家奥林匹克竞赛集训队训练。记得陈校长当时在北京参加全国政治协商会议。会议一结束，他顾不上回家，就直飞上海，来为我和高俊加油鼓劲，指导高俊在这一阶段应该如何进行训练，并与复旦大学教授交流沟通。高俊经过努力拼搏，不负众望，顺利入选亚洲物理奥林匹克竞赛国家队，于 2002 年 5 月代表中国赴新加坡参加亚洲物理奥林匹克竞赛，获得金牌；后又顺利入选国际物理奥林匹克竞赛国家队，于 2002 年 7 月代表中国赴印度尼西亚参加国际物理奥林匹克竞赛，获得银牌，为国争光。

陈校长充分肯定我所取得的成绩。这些成绩也带给我很多荣誉：2000 年我被黄冈市人民政府评为"首届学术技术带头人"，并享受黄冈市人民政府专项津贴；2001 年我破格晋升为湖北省物理特级教师；2002 年我被批准享受湖北省政府专项津贴；2004 年我被黄冈市教育局授予"2004 年度黄冈市中等学校名师"荣誉称号；2004 年我被湖北省教育厅评为"2004 年度湖北名师（中等学校）"；2008 年我被评为享受国务院政府特殊津贴的专家。

陈校长是我教师成长路上的贵人，没有他的关心、信任、支持和帮助，就没有我今天的成就。在此，我衷心地感谢他！

徐海元，中学语文高级教师，湖北省优秀教育工作者，曾任湖北省黄冈中学党委书记兼副校长、广州市南沙第二中学校长、广州市南沙第一中学党委书记、广州市天河区教研室主任，现任广州市增城区教研室主任。

他是我的领导、同事、同学、朋友。大学时期，我们是同校不同系的同学。在黄冈中学期间，我们曾共教一个班，是要好的同事。后来，他走上领导岗位，成了我的领导，对我教育教学工作一直有很大帮助。例如，在我申报"湖北省特级教师"时，他本来也有资格申报，但为了我能顺利申报，他主动放弃了，并帮助我修改、整理申报材料，宣传我的教育教学业绩，使我成功地被评为"湖北省物理特级教师"。

2005年，他投身到广州市南沙区的教育事业以后，又力荐我到广州市南沙区工作，并向广州市南沙区教育局的领导大力推荐我。在各方的帮助下，我顺利地调入广州市南沙第一中学。此时，他任广州市南沙第一中学党委书记，对我的生活和工作给予全面关心。特别是组建广州市南沙区名师工作室、广州市特级教师工作室和广东省教师工作室时，在人力、物力、财力上，他都给予我很大支持，为我顺利开展工作提供了有力保障。

他既是我教师成长路上的贵人，又是我来到广州市南沙国家新区的引路人。我衷心地感谢他！

李爱华，中学历史高级教师，广东省南粤优秀教师，曾任广州市真光中学党委书记、广州市南沙区教育发展中心主任、广州市南沙区教育局局长和党委书记，现任广州市南沙区政协副主席。

在她的领导下，南沙区教育实现了从城市化、规范化再到国际化的跨越式发展。高考、中考成绩逐年提高：2012年，广州市南沙第一中学荣获广州市高三毕业班一等奖；2014年，广州市南沙区东涌中学荣获广州市高三毕业班一等奖；2015年，广州市南沙第一中学荣获广州市高三毕业班一等奖。特别是2015年，南沙区产生了广州市高考文科状元、广东省高考文科前十名的学生，又产生了广州市中考状元。这是非常了不起的进步。

她大力引进优秀教师。2011年，我通过人才引进，从湖北省黄冈中学调入广州市南沙第一中学工作。我的妻子调入广州市南沙第一中学做校医。她从生活、工作等方面关心和帮助我们，使我们尽快适应新的工作环境。她对我的关心和帮助可用四句话总结：政治上礼遇，生活上关心，业务上帮助，工作上信任。

政治上礼遇：在她的推荐下，我评上了广州市优秀专家、广州市最美教师；作为教师代表我参加了区委、区政府组织的各种茶话会、座谈会等。

生活上关心：我生病住院时，她亲自到医院看望，还为我的职称确认亲自写说明，定期兑现了安家费、住房补助、特级教师补贴等。

业务上帮助：在她的领导下，南沙区成立了首届名师工作室，我有幸加入其中，成立了"徐辉名师工作室"。以此为平台，我又成功申报了广东省第二届名师工作室和广州市特级教师工作室。工作室挂牌仪式上她亲自给我授牌，并给予每年十万元的经费。

工作上信任：一入职，她就让我担任教导主任；2012年，任命我为学校党委副书记；2014年，又任命我为学校副校长，参与学校管理，分管党务和教科研以及团委工作。

她是我教师成长路上的贵人，又是我来到广州市南沙区再创辉煌的领导者和坚强后盾。我衷心地感谢她！

徐辉名师工作室授牌仪式

邓斌，中学数学高级教师，曾任广州市南沙中学教务处副主任、广州市南沙第二中学党支部书记和副校长、广州市南沙第一中学副校长，现任广州市南沙第一中学校长、党委书记。

在邓校长的领导下，南沙第一中学确立了"红棉精神、海洋文化"特色引领，加强常规教学改革，提高教育教学质量的发展道路。这使我有机会实现我的教育理想——教师之间分工协作、共同研究、共同进步、和谐共赢。

我是一个幸运的人，在我的成长过程中有恩师的引导、同伴的互助、家人的支持和领导的信任。"师傅引进门，修行靠个人。"我知道，要成长为一名优秀教师，仅靠他们的帮助是不行的，更需要自己的努力奋斗。

为了实现这个梦想，每天，除了保证一小时的体育锻炼之外，我尽量减少不必要的应酬，集中所有的精力进行教学研究，每天晚上几乎都用来读书、写文章。经过长时间的努力，我的教育教学水平有了显著提高。我也从青涩的毛头小子逐渐成长为有能力独当一面的教师。

在家人、老师、同事、领导的关心和帮助下，我逐渐成长为一名优秀的人民教师。

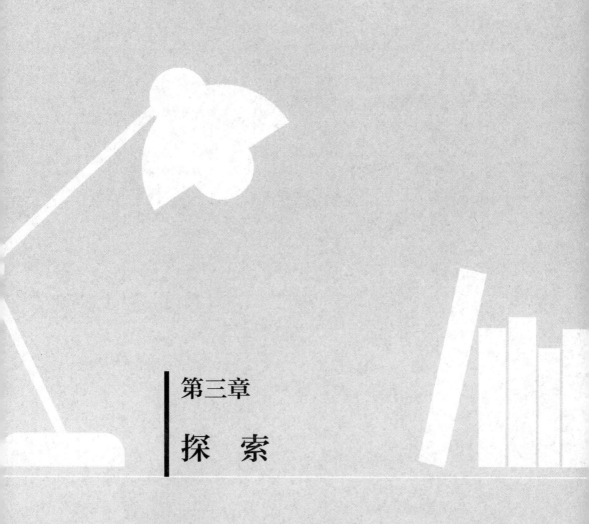

第三章

探　索

第一节　教育实践生动活泼

　　教育的本质就是传授学生知识，教学生做人的道理，使学生身心都能健康成长，从而全面提高学生素质。物理与生产、生活相结合，在科学技术中得到了广泛的运用，对经济、社会的发展都有很大的影响。例如，人造卫星的发射升空，大型水电站、核电站的建成，伪科学的识别等都是以物理知识为原理。因此，学好物理尤为重要。

一、培养学生良好的学习兴趣与习惯

　　我着眼于学生的终身发展，注重培养学生良好的学习兴趣与习惯。在高中物理教学中，适当穿插一些和教学内容有关的小故事，不仅可以提高学生的学习兴趣和学习的积极主动性，而且可以使物理课变得生动流畅，助推教师轻松达成教学目标。

　　在讲授"电磁感应现象"这一节内容时，我适时渗透物理学家的奋斗成长史，抓住难得的教育契机，并穿插讲解有关法拉第的小故事：法拉第1791年9月22日生于萨里郡纽因顿的一个贫苦铁匠家庭，13岁就在一家书店当送报和装订书籍的学徒。他有强烈的求知欲，并挤出一切休息时间力图把他装订的所有书籍都从头读一遍，读后还临摹插图，工工整整地做读书笔记，用一些简单器皿照着书进行实验，仔细观察和分析实验结果，把自己的阁楼变成了小实验室。他在这家书店待了八年，废寝忘食，如饥似渴地学习。法拉第主要从事电学、磁学、磁光学、电化学方面的研究，并在这些领域取得了一系列重大发现。在丹麦学者奥斯特发现电流的磁效应之后，法拉第于1821年提出"由磁产生电"的大胆设想，并开始了艰苦地探索。经过无数次实验，他不断反思总结，琢磨改进，终于在1831年发现了电磁感应定律。这一划时代的伟大发现，使人类掌握了电磁运动相互转变以及机械能和电能相互转变的方法，成为现代发电机、电动机、变压器技术的基础。法拉第曾说："像蜡烛那样为人照明，有一分热，发一分光，忠诚而踏实地为人类伟大事业贡献自己的力量。"法拉第倾其毕生探索科学真理，真诚质朴，作风严谨，他的思想品质深深地扎根在了学生的心里。

二、激发学生的学习动机

思维活动是有目的的。在心理学中，推动和指引人们去从事某种活动的内部动因被称为"动机"。它能唤起行动，使活动指向一定的目标，并在一段时间内维持这一活动。对任何事情都毫无兴趣的人，或者那种对既定目标缺乏执着追求的热忱，尤其在挫折面前缺少毅力、丧失信心的人，是很难在其思维活动中有所建树的。一般来说，动机水平很低的人，其思维活动也是很贫乏的。但动机太强时，人的注意力高度集中于目的物，其知觉、思维活动的领域会变得十分狭窄，并且思维变得僵化，难以在不同的策略之间灵活转换，容易"认死理儿""钻牛角尖"。因此，我们应把动机调节到适度的水平上，使思维处于最优水平。

在课堂教学过程中，我有意识地创设情境，通过提出一些与课文有关的、富有启发性的问题，将学生引入情境之中，激发学生的学习动机。

三、调动学生积极参与学习的情绪

情绪是思维的催化剂。一方面，像恼怒、厌烦、沮丧、恐惧等负面的情绪会破坏学生对待问题的积极心态、对线索的敏感度以及对策略选择的灵活性，从而严重阻碍思维的加工；另一方面，成功所带来的极大喜悦、过度的兴奋、激动或满足后的松弛，也同样不利于信息的加工，从而影响思维活动正常有效地进行。我经常引导学生调整情绪，使他们具有良好的情绪状态，带着愉悦的心情学习，提高学习效率。

四、培养学生的意志品质

认识过程离不开意志的作用。意志促使认识过程具有目的性和有效性，从而使认识广阔而深入，并有一定效果。特别是，当人们在复杂情境中探求本质和规律的认识过程遇到阻碍时，意志对认识过程的作用就更加明显。同时，意志有调节情感、情绪的功能，可以控制情绪使之服从于理智。我经常引导学生对学习目的的正确性和重要性进行清楚而深刻的认识，并让学生能按照目的调整和控制学习活动，以达到既定目的。这需要具有意志自觉性品质。鉴于意志品质对学习的重要影响，我教育学生应该树立明确而崇高的学习目的，寻求意志对学习重大的激励和调控作用；应该积极参加实践活动，从与困难做斗争中磨炼意志；应该加强意志的自我锻炼，严格要求自己，做到"言必信，行必果"。

科学家探索和研究科学的精神更让人震撼。比如，物理学家法拉第十年如一日，以坚强的意志和顽强的毅力发现了电磁感应定律；英国科学家焦耳花费近 40 年时间，以 400 多次实验为基础，才得出热功当量的物理理论。这些动人的故事能塑造学生良好的品质，使他们在面对困难和挫折时具有坚强的意志和积极乐观的态度，同时也能激发起学生的使命感、危机感和紧迫感，增强学生的民族自尊心和爱国热情，唤起学生为中华民族的伟大复兴而奋发图强的决心。

五、培养学生的科学素养

在人的科学素养结构中，科学思想、科学作风和科学价值观是十分重要的组成部分。它们所体现的思想是辩证唯物主义。因此，让学生形成辩证唯物主义观是物理教育的一个重要目标。例如，能量守恒定律是普遍的、绝对的、无条件的，而机械能守恒定律是一个特例，是相对的、有条件的，这体现了哲学中的对立统一规律、个性与共性原则。再如，光的波粒二象性是对立统一的存在体。所以，在物理教学中，在教授物理知识的同时，我尽量拓展哲学视角，培养学生的哲学素养，使学生树立正确的唯物主义世界观。

在课堂教学培养学生科学素养的同时，不能忽略在课外活动中对学生进行科普教育。在带领学生春游时，我向学生介绍风、雪、雨的形成知识以及光的传播知识；在运动会上，通过运动员速度快慢的不同，我与学生一同探讨运动的行程及速度的关系……我还利用课外活动时间为学生举办科技讲座，介绍科技的前沿知识、科学家的成长历程、科学发展的方向等；带领学生开展各种小制作活动，以培养他们的动手能力和创造力。

六、因材施教，关爱每名学生

教师教好一位学生不难，但教好每位学生就有些困难了。因为学生的基础不同，接受能力不一样，感兴趣的方面也不一致，所以，在教学中，我注重调动每位学生的学习积极性，因材施教，关爱每位学生，给予每位学生平等的机会和鼓励。

在一节物理课上，我让一位不爱发言的女学生评议演示同学的一个错误。

"小霞，你来评议一下，好吗?"听到我叫这个名字，很多学生都把目光投向了小霞，期待她的发言。前一学期，每次叫到她，她都不敢站起来，低着头，像受惊的小鸟，连眼皮都不敢抬一下。这学期，她总算胆大了许多，曾经站起来几次但都不说话，今天她肯说吗？我在担心，在等待……很多同学也在期待……这时，只见她慢悠悠地、毫无声息地站了起来，然后慢吞吞地说："他运用的公式不对，导致下面的计算都是错误的。这道练习题运用动能定理更好。"带着腼腆的笑容，虽然说话速度比一般同学慢了两拍，声音不是很响亮，但一字一句绝对让全班学生都听得很清楚。这样的发言让其他学生感到很惊讶，个个脸上露出了笑容，掌声一下子响了起来。我开心地笑着说："你讲得真好，同学们都在表扬你呢，下次肯定讲得更好!"也许正是我的这份鼓励，从那以后，小霞发言更积极了，学习成绩较以前也有了明显的进步。后来，她以优异的成绩考入了重点大学。

再好的班级也有成绩暂时不理想的学生。工作中，我坚持早来晚走，利用中午、早晚自习对不同层次的学生进行相应的辅导，以满足不同层次学生的需求，避免了"一刀切"的弊端，加大对成绩暂时不理想的学生的关注力度。在辅导中，我让学生意识到学习并不是一项任务，也不是一件痛苦的事情，而是充满乐趣的，从而让他们自觉地、全身心地投入学习中去。我经常利用课余时间和学生谈心，与他们多交流、勤沟通、做朋友，知道他们学习的困难所在，有针对性地帮助他们解决困难。这些年来，我教出很多优秀学生，也转化了不少成绩暂时不理想的学生，很多聪明的"淘小子"考入了名牌大学，很多"文强理弱"的腼腆女生考入了高等学府。他们回来看我时，我真正体会到了为人师者的快乐。

第二节　教学改革成果丰硕

联合国教科文组织指出，21 世纪的人必须具备四项基本能力：学会求知，学会共处，学会做事，学会做人。在教学中，我积极主动地进行教学改革研究，探索教学方法，并取得了很好的成绩。

我对高中学生"自主学习"物理能力的培训做了专题试验。试验目标是：培养学生"自主学习"物理的能力。该试验成果经总结整理成《培养学生自学物理能力的方法与步骤》一文，由黄冈中学申报、黄冈地区教委推荐，获湖北省教委授予的湖北省教育科学研究优秀成果三等奖和湖北省教育奖励基金会的奖励；被全国第六届物理教学改革研讨会评审为"具有较高学术价值并有实践指导意义"的论文，荣获一等奖。

高中学生"自主学习"物理能力培训的主要做法如下。

一、培养学生读物理书的方法

读书是自学物理的重要手段，要学好物理就要读好物理书。为此，我引导学生做好以下几个方面。

首先，要了解物理书的结构特点。一般来说，一本物理书包括物理概念、现象、实验、规律、公式、图表、例题和习题等主要内容。

其次，要了解不同内容所要达到的不同要求。一般来说，物理书主要是建立和阐述物理概念、解释和运用物理规律、推导和使用物理公式。因此，在物理书中，概念、规律、公式是核心内容，其他内容是帮助我们理解和运用概念、规律、公式来解决物理问题的。

最后，要根据不同的内容选择不同的读书方法。核心内容要精读、细读、慢读，切实理解它们的物理意义。概念要逐字逐句地读，弄清每一个字的含义。读完后要想一想，这个概念为什么要提出来？这个概念是怎样建立的？这个概念能解释什么问题？这样读概念，才能深刻理解它。物理规律是物理学家经过无数实验总结出的说明和解释物理现象的结论。读完后要想一想，这个规律是谁在什么条件下为解决什么问题而总结出来的？它的使用范围是什么？物理公式是物理规律的数学表达式。因此，要弄清公式中每个符号的物理意义和单位。哪些量是常量？哪些量是变量？公式的使用范围是什么？如何利用这个公式来解决有关问题？切忌乱套公式。对于现象，读后要知道这个现象是在什么条件下发生的，它属于什么物理过程，怎样才能正确解释它。对于实验，读后要弄清楚这个实验的装置、目的、现象、结论以及方法。因为物理是在实验的基础上建立起来的一门科学，所以我们在学习物理的过程中要特别重视实验。我们不仅要看物理书上的实验，而且要动手做实验。物理书上的图和表有助于我们深刻地理解物理概念、规律和公式。有的学生读物理书时，只看文字，不看图和表，这是不对的。物理书上的例题是帮助我们运用概念、规律和公式来解决物理问题的范例，它具有示范作用。例题的目的是让学生着重掌握和理解分析问题的方法而不在于例题本身。对于有的例题，要找出多种解法，分析和比较各种方法的优劣，要能做到举一反三。物理书上的习题是为了让我们练习使用概念、规律和公式来解决实际问题的。在做习题时，要分析题目的条件，不能乱套公式。

读物理书时要牢记：在物理学中，比记忆更重要的是理解和应用的能力。我们要注意以下几点。

(一)精读课本

有些教师上课会使用参考书或讲义，因为这样上起课来轻松又有效率，学生也不用费时去整理重点，这样的结果导致学生都不爱看课本，甚至会觉得看课本很浪费时间。但是课本是学生自学时最重要的工具，在学生预习、上课到复习的过程中对学生都有很大的帮助。为了减少学生对教师的依赖，我建议学生一定要详细阅读课本的内容，学会自己整理重点；在不看解答的前提下，把习题好好做一遍，其效果远比花钱买讲义和参考书来得有用。

(二)阅读相关课外资料

课本因为受到篇幅的限制，没有办法详细讲述每个概念的发展过程，学生通过阅读课外资料能加强对这部分的理解。另外，物理许多新概念的发展都是现在进行式。最新的科技应用可以让学生了解物理的用处，培养学生对物理的兴趣，甚至可以跨越现在的学习范围，进行一些小的研究计划，这不仅可以增进学生的自身实力，而且对以后的学习规划也能提供良好的参考。

(三)熟记并了解概念的真实意义

在学习物理的过程中，最重要的往往是那几句简单的定义、定律叙述。对学生而言，他们大都觉得那是单调、枯燥而乏味的。因为没有看到数字，心中似乎就不踏实。举个例子，有多少学生能够准确说出速度、平均速度、瞬时速度的定义及差异？绝大部分学生只会回答距离除以时间就是速度，学生对这个概念的理解还停留在小学水平。又如，有多少学生能够详细叙述牛顿三大运动定律？什么是动量？为什么动量守恒？这些动力学的基本概念影响整个力学的学习过程，与其强记一些公式、题型，不如把这些概念内化成自己的基本知识。

(四)自己做整理

许多学生喜欢片段式的读书，这样很难有连贯的思考。我建议学生在详细读完一个章节之后能够合起书本，自己整理一些重点，然后再翻开书本对照看看，是否有哪些部分漏掉了，通常那些漏掉的部分就是最常忘记的地方；当读完一个大段落时（如整个力学、电磁学知识点等），再一次自己做整理。另外，自己做整理还有一个好处，那就是学会做笔记，这对将来继续深造会很有帮助。

二、自学是提高听课效率的重要保证

课堂上的学习时间很重要。因此，听课的效率决定着学习的基本状况。为了提高听课效率，我引导学生做好以下几个方面。

(一)课前预习能提高听课的针对性

预习中发现的难点，就是听课的重点；补缺旧知识、了解新知识，以减少听课过程中的盲目性和被动性，提高课堂学习效率；可以把自己已经理解的知识与教师的讲解进行比较、分析，提高自己的思维水平，培养自学能力。

(二)听课要聚精会神、全神贯注

全神贯注就是全身心地投入，做到耳到、眼到、心到、口到、手到。若能做到这"五到"，精力便会高度集中，课堂所学的重要内容便会在自己的头脑中留下深刻的印象。要保证听课全神贯注，不开小差，必须注意课间十分钟的休息，不应做过于激烈的体育运动、激烈争论、看小说、做作业等，以免上课后还气喘吁吁、想入非非，而不能平静下来，甚至大脑开始休眠。所以，学生应做好课前的物质准备和精神准备。

(三)特别注意教师讲课的开头和结尾

教师讲课的开头，一般是概括前节课的要点，指出本节课要讲的内容，是把旧知识和新知识联系起来的环节；结尾常常是对一节课所讲知识的归纳总结，具有高度的概括性，是在理解的基础上掌握本节知识方法的纲要。

(四)做好笔记

笔记不是记录，而是将听课中的重点、难点等做简明扼要的总结，记下讲课的要点以及自己的感受或有创新思维的见解，以便复习、消化。

三、自学过程中要注重物理思维方法的运用

思维，是人脑对客观世界的一种间接的、概括的反映，是将观察、实验所取得的直观材料进行思维加工，上升为理性认识的过程。学习过程就是一种思维活动，而思维活动也有一定的程序和方法。为此，我引导学生做好以下几个方面。

(一)认识物理思维的程序

物理思维是将物理现象与物理实验所得到的感性认识上升为理性认识，并从已有的理性认识中获得新的理性认识的过程。物理思维的主要程序是质疑与释疑。

1. 质疑

质疑不是一般地提出不懂的问题，而是主要指观察者在充分运用了自己的知识却仍不能解释的、带有一定难度的问题。因此，正确的质疑，对进一步学习和研究具有方向性和启发性。质疑的途径很多，但质疑的深度却与观察者的观察能力密切相关。例如，观察沉浮子实验，有的人只发现下压与下沉的简单关系，有的人则能发现下压造成下沉的本质原因。

2. 释疑

释疑的前提是质疑，已有的知识是释疑优先考虑使用的内容。当已有的知识对解释质疑明显有困难时，对困难的那一部分就要进行创造性活动。释疑应从物理学的基本概念、基本规律出发，先分析物理现象，找出产生这些现象的本质因素，再选择适当的物理知识来解答物理问题。

(二)掌握物理思维的基本方法

物理思维的方法包括分析、综合、比较、抽象、概括、归纳、演绎等。在物理学习过程中，形成物理概念以抽象、概括为主，建立物理规律以演绎、归纳、概括为主，而分析、综合与比较的方法则渗透到整个物理思维之中。特别是在解决物理问题时，分析、综合方法应用更为普遍，如下面介绍的顺藤摸瓜法和发散思维法就是这些方法的具体体现。

1. 顺藤摸瓜法

顺藤摸瓜法即正向推理法，它是从已知条件推论其结果的方法。

2. 发散思维法

发散思维法即从某条物理规律出发，找出规律的多种表述。这是形成熟练的技能技巧的重要方法。例如，从欧姆定律以及串并联电路的特点出发，推出如下结论：串联电路的总电阻大于任何一个分电阻，并联电路的总电阻小于任何一个分电阻；在串联电路中，阻值大的电阻两端的电压大，阻值小的电阻两端的电压小；在并联电路中，阻值大的电阻通过的电流小，阻值小的电阻通过的电流大。

四、自学过程中要注重能力的迁移

迁移就是基本原理在其他条件下的运用。学以致用，就是将所学的知识、方法应用于社会实践中去，其本质就是迁移。在物理学习中，有许多内容体现了迁移原则。我引导学生运用以下几种迁移。

(一)数学知识的迁移

物理中常用数学知识表示物理概念，描述物理规律。例如，应用数学中的比例关系描述物质的密度($\rho = m/V$)、物体的运动速度($v = s/t$)、牛顿第二定律($a = F/m$)等；应用数学中的坐标图像方法描绘温度—时间图像(表示某种物质的熔解与凝固过程)、位移—时间图像、速度—时间图像、能量—位移图像等；应用数学中的几何方法表示光的传播、折射、反射等。

(二)物理知识的迁移

物理知识的迁移表现在三个方面。其一，应用物理知识解题。其二，应用物理知识解释自然现象。例如，日食和月食现象可用光的直线传播原理解释，物态变化原因可用分子运动论来解释，海市蜃楼奇观可用光的折射原理解释。其三，应用物理知识设计制作各类产品。例如，根据热传递原理制作保温瓶；根据电磁感应原理制作发电机、电子测量仪表等；根据热胀冷缩原理制作温度计；根据光的折射、反射原理制作照相机、幻灯机、电影放映机等。

(三)物理思想的迁移

物理在发展的过程中，逐步形成了一种物质观，即物质普遍存在于相互作用之中，普遍存在于运动之中，普遍存在于能量的转化与守恒之中。于是，研究宏观物体的受力、运动和机械能的规律形成了力学；研究分子的受力、运动和内能的规律形成了热学；研究电、磁之间的受力、运动和能量的规律形成了电磁学等。在物理学习中，当形成了这种物质观，我们就会有目的地去认识和理解物质的相互作用规律、运动规律和能量的转化与守恒规律，学习就会更上一个台阶。正确的学习方法是学习事半功倍的金钥匙。

(四)物理能力的迁移

触类旁通、举一反三，乃求知之捷径。如何才能做到触类旁通、举一反三？第一，需要明确认识对象之间在内容与方法上共同的本质因素，而后才能"触类"，这是"旁通"的前提。知识之间、技能之间的共同因素是触类旁通、举一反三的重要客观条件。第二，更关键的是学习者已有知识经验的概括化水平与新课题归类的能力。已有知识经验的概括化水平高，能够反映物理现象、过程的本质(则能够"触类""举一")，就能够根据新课题的特点准确地对课题进行分类，就会避免根据表面特点进行猜测、盲目尝试或者不顾条件死套公式(就能够真正做到"旁通""反三")。

五、自学过程中要注重总结解题方法与技巧

我引导学生运用以下几种解题方法与技巧。

(一)尝试错误法

在解决问题的过程中，为了达到目标，我们经常先确定一个解题的方向，选用某一种方法力求达到解题目标。如果这种试探毫无结果，或许就可以从这一错误方法中获得正确解题的启示。这种做法就被称为尝试错误法。

在解题过程中，我们可以通过尝试错误更加深入地理解概念、规律的实质，并进一步归纳出科学的方法。

(二)原型启发

当进行创造性思考，解决问题时，我们可以从其他事物中得到解决问题的启示，从而找到解决问题的方法和途径。我们把这种具有启发作用的事物称为"原型"。从本质上说，原型之所以有启发作用，主要是因为这一事物本身的特点和属性与所要创造的东西有相似之处。物理中的原型可以通过学习过程建立。在学习中，物理概念模型(如质点、理想气体、点电荷等)，物理过程模型(如各种典型运动过程、碰撞、反冲等)，典型的解题过程(如方法、技巧、思路等)等都可以抽象为学习者头脑中的原型。

(三)认真审题，理解物理情境、物理过程

注重分析问题的思路和解决问题的方法，坚持下去，就一定能举一反三，提高迁移知识和解决问题的能力。

(四)认真思考和归纳思路、方法、技巧

在学习中，学生应该注重对基本概念、基本规律、基本技能的学习和训练；注重对典型例题的学习与思考；注重对典型物理过程的分析；注重归纳思路、方法和技巧。

【案例】判断静摩擦力方向的四种方法

1. 由相对滑动趋势直接判断

静摩擦力的方向跟物体相对滑动趋势的方向相反，如果在我们所研究的问题中，物体相对滑动的趋势很明显，则可以由相对滑动趋势直接判断。这是判断静摩擦力方向的基本方法。

例 1：物体用力 F 压在竖直墙面上处于静止状态，如图 3-1 所示，试分析物体所受摩擦力的方向。

分析：物体相对墙面具有向下滑动的趋势，故物体所受静摩擦力的方向竖直向上（图 3-2）。

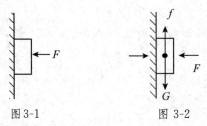

图 3-1　　　　　　图 3-2

2. 用假设法判断

所谓假设法就是假设接触面光滑，确定两物体的相对滑动趋势的方向，从而确定静摩擦力的方向。

例 2：某同学骑自行车前进，分析前进中的自行车的前、后轮受到地面对它的摩擦力的方向（图 3-3）。

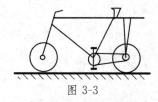

图 3-3

先让学生分析讨论，然后由教师归纳总结。

结论：前轮受到向后的摩擦力，后轮受到向前的摩擦力。

推广：汽车、火车牵引力的来源——地面对主动轮的摩擦力。

许多静摩擦力的方向都可以用假设法来判断。

3. 用平衡条件来判断

有些物体间的相对滑动趋势不明显，用假设法也不易判断静摩擦力的方向。如果物体处于平衡状态，则可由物体平衡条件来判断物体是否受静摩擦力及其方向。

(1)用共点力作用下物体的平衡条件判断

例 3：如图 3-4 所示，A、B 均静止在斜面上，试分析 A、B 所受的静摩擦力。

分析：A 受重力 G_A 和 B 对 A 的支持力 N_{BA} 以及 B 对 A 的静摩擦力 f_{BA}。因为 A 保持静止，由物体平衡条件可知，f_{BA} 必须沿斜面向上，如图 3-5 所示。

B 受重力 G_B、斜面对 B 的支持力 N_B、A 对 B 的压力 N_{AB}、A 对 B 的静摩擦力 f_{AB} 和斜面对 B 的静摩擦力 f_B。由牛顿第三定律可知：f_{AB} 与 f_{BA} 方向相反，沿斜面向下。又因为 B 也处于静止状态，由平衡条件可知 f_B 沿斜面向上，如图 3-6 所示。

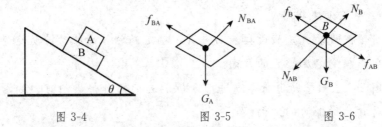

图 3-4　　　　　图 3-5　　　　　图 3-6

(2)用力矩平衡条件来判断

假定无静摩擦力，若物体所受其他力的力矩和等于零，则无摩擦力；若其他力的力矩和不等于零，则有摩擦力，其力矩与其他力的力矩和符号相反。

例 4：如图 3-7 所示，甲球的绳通过其中心，乙球、丙球的绳都不通过球的中心，试分析三种情况下球所受到的静摩擦力。

分析：如图 3-8 所示，设转轴在重心处。甲球显然力矩和为零，无静摩擦力。乙球的重力和绳的拉力两力的力矩和不为零，力矩和等于绳的拉力的力矩，方向逆时针，则静摩擦力力矩为顺时针，可确定墙对球的静摩擦力的方向竖直向上。同理可知，丙球所受墙对它的静摩擦力方向竖直向下。

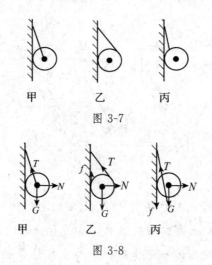

图 3-7

图 3-8

（3）用一般物体平衡条件来判断

若物体在非共点力作用下处于平衡状态，则合外力一定为零，即
$$\sum F_x = 0, \sum F_y = 0 。$$

例5：有三根相同的直棒，处于如图3-9中甲、乙、丙所示的静止状态，试分析各棒是否受静摩擦力作用，其方向如何。

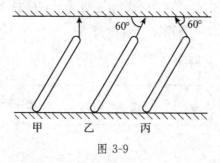

图 3-9

分析：棒与地面间是否有相对滑动趋势很难判断，但棒处于平衡状态，故可用物体的平衡条件来确定是否受静摩擦力作用。如图 3-10 所示，甲棒受重力 G、支持力 N_1、绳的拉力 T_1，均在竖直方向，由

物体平衡条件可知，棒不受地面的静摩擦力作用。假如棒受静摩擦力作用，无论向左或向右，棒在水平方向上的合力不为零，就不满足平衡条件。

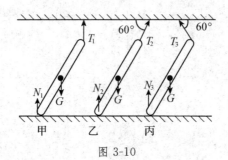

图 3-10

乙棒受的重力 G、支持力 N_2 均在竖直方向，但绳的拉力 T_2 的方向斜向上，在水平方向上有向右的分力。由平衡条件可知：棒的水平方向上的合力应为零，故乙棒一定受到一个向左的静摩擦力作用。

同理，对丙分析可知，丙棒一定受到一个向右的静摩擦力作用。

4. 由运动状态判断

有些静摩擦力的方向与物体的运动状态紧密相关，因此只有根据物体的运动状态来判断物体所受静摩擦力的方向。

例6：如图 3-11 所示，一物体放在皮带运输机上由 A 运到 D，且物体在 AB 段做加速运动，BC 段做匀速运动，CD 段做减速运动，试分析物体在各个阶段所受静摩擦力的方向。

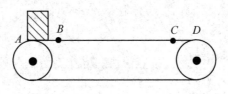

图 3-11

分析：物体在竖直方向上受重力和支持力，且这两个力平衡。在水平方向有可能受静摩擦力作用，静摩擦力的方向与物体的运动状态有关。

在 AB 段：物体加速运动，故具有一个向前的加速度，由牛顿第二定律可知，物体在水平方向上受到一个向前的作用力，这个力就是皮带对物体的静摩擦力。

同理，在 CD 段物体受到皮带对它向后的静摩擦力作用。

许多静摩擦力的方向都与运动状态有关，因此这种方法有较广泛的应用空间。

由于以上几个方面在对学习的影响上存在实质上的有机联系，可能在不同方面涉及同一问题，实为不可避免。

第三节　教学方法丰富多彩

物理是一门自然学科，它来源于生活，服务于生活，发展于生活。物理本身是很抽象的，有时甚至是很枯燥的。怎样才能让学生在单调、无味的知识中认识到物理是有趣的、有用的呢？所以，会不会教课，怎样教好课，是影响学生学习成绩的一个关键因素。只有高效的课堂教学才能够让学生轻松地、快乐地学好物理。

我认真钻研教材，吃透教学大纲，根据学生的实际，采用灵活多样的教学方法，注重启发式教学，充分发挥学生的主观能动性，培养学生的思维能力和实验能力，形成了"一教、两重、三全、四实"的课堂教学方法。

一教：教方法。物理教学关键在于对主渠道课堂教学的"开发"，教师只有在传统教学的基础上，更新教育观念，转变教学思想，结合对教材的深入研究，创造性地运用某些方法和思维方式进行创新教学，才能真正引导学生进行创造性学习，培养学生的创新能力。教师始终是一个不可或缺的角色，即"促进者"。讨论前，教师激发学生的探索欲望，鼓励他们自主获取知识。讨论中，教师及时发现富有创意的见解，当场给予鼓励性评价；利用学生的从众心理加以引导，推进他们的讨论。在整个教学过程中，师生共同参与，双向交流，相互影响，形成一个学习共同体。教师不再充当唯一的信息源，而是作为引导学生获取资源的人。人们常说，要给学生一杯水，教师要有一桶水。实施合作学习则要求教师不仅自己要长流水，而且要引导学生学会探寻那不息的源头活水。这就改变了教师单向输出，学生被动接受的状态，使"孤军奋战"的教师有了"并肩战斗"的伙伴。

两重：重自主学习、重探究讨论。把教师的"一言堂"变为学生的"群言堂"，无论形式或内容都给学生更大的思维空间。在平时的课堂活动中，教师要组织好相对稳定的、实实在在的合作学习的集体，围绕课堂主题内容开展活动。这样，从提出问题、探讨交流到表达收获，都是学生自主完成的，实现了学生内心感性与理性的自由碰撞。

三全：全员参与、全员合作、全员互动。合作学习的代表人物约翰逊曾说，实际上，教师的一切课堂行为，都是发生在学生这一同伴群体关系之中的。在课堂上，学生之间的关系比任何其他因素对学生的成绩影响都更加强有力。合作学习把这种生生互动提到了前所未有的地位，并作为整个教学过程重要的一种互动方式来加以科学利用，充分开发和利用了教学中的人力资源。正如人本主义创始人马斯洛所说的，自主性的主动学习比教师强加逼迫的学习效果要好得多。这是因为"自由程度越高的活动，往往身心投入的程度也越高"。坦诚交流促进"生生互动"，共同目标推进"生生互动"。

四实：落实概念的理解、落实规律的应用、落实方法的总结、落实技巧的训练。物理与日常生活和生产关系最为密切。在学习物理之前，学生已获得了不少的"日常经验"。这些"日常经验"先入为主，常常干扰科学概念的形成，成为建立科学概念的思维障碍。在课堂上，教师要有目的地指导学生探索、学习，让学生自主探索得出结论，而不是通过讲授知识后得出结论，使学生真正落实概念的理解。课后练习题、作业题、试卷要精选，做到"双基"结合，螺旋式上升，同时要多针对不同题型，训练学生运用物理规律解决实际问题，落实规律的应用；归纳总结运用物理规律解决实际问题的方法，落实方法的总结；训练运用物理规律解决实际问题的思维技巧，落实技巧的训练。不搞题海战术，减轻学生的负担。

这种全新的、科学的学习方式体现了社会发展的需求、人类生存的需求，为人的终身发展奠定了基础。这种新的以人为本的教学模式，注重培养学生的求异思维和发散思维。学习过程成为学生培养个性、发展个性、表现个性的过程。

下面介绍几个我经常用到的"一教、二重、三全、四实"教学方法的实际应用。

一、物理问题讨论合作学习课的教学

在多年教学实践和研究中，我逐渐形成了问题讨论合作学习的物理教学模式。该教学模式特色鲜明。"问题讨论合作学习课"是广州市基础教育教学名师专项课题。这项研究是我对物理教学实践和教育思想的系统总结，也是我对物理教学的毕生追求，其教学模式包含丰富的教育思想、教育原则、教学策略等。

(一)问题讨论合作学习课教学过程中问题的来源

在问题讨论合作学习课上教师利用问题进行教学，但并不是局限于用常规问题对教学内容做例证性的阐述，也不是局限于用常规问题做单纯巩固知识的基本训练，更不是把"问题"等同于"习题"，用题海加重学生的负担以换取短期的教学效果，而是把问题作为教学的出发点和基本要素来组织教学过程。

1. 教师提出问题的形式

教师提出问题形式下的问题讨论合作学习课的教学结构如图 3-12 所示。

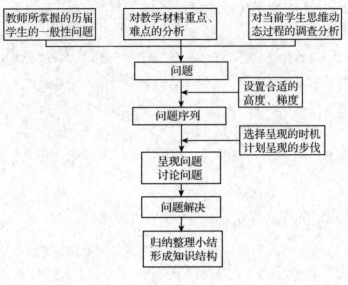

图 3-12

2. 学生提出问题的形式

学生提出问题形式下的问题讨论合作学习课的教学结构如图 3-13 所示。

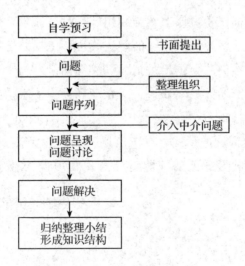

图 3-13

学生在单元预习的基础上，进行书面提问。教师根据这些问题设计并组织教学形式。由于学生提出的问题通常是多方面的，表述也不尽规范，所以教师要对众多的问题进行整理、选择，组织成系统的问题序列。同时，由于学生的问题序列不一定与知识序列相对称，所以，教师要根据教学目标，围绕教学内容来设计"中介"问题，通过"中介"问题，把学生的问题和有关知识点联结起来，从而构建出有合适高度和梯度的教学问题。教师在教学中按一定步骤有序呈现问题，引导学生思考，组织学生讨论。由于这些问题来自各层次学生，所以这样的教学可满足不同层次学生的学习需求，可以解决学生的疑难问题，从而使讨论的过程成为师生相互作用的高效率的活动过程。

(二)问题讨论合作学习课中的小组合作学习

问题讨论合作学习课教学的组织形式是小组合作学习。

1. 小组合作学习的操作程序

(1)创设学习情境

设计一个有利于学生之间展开合作研讨的活动情境，一方面为学生提供合作探究的机会，另一方面让学生产生与同伴合作交流的心理需要。

(2)明确学习任务

这一步就是让学生明确即将进行的合作学习将围绕什么主题进行，合作学习将采用什么方式进行，最后达到什么样的学习目标和要求等问题，为后面的合作探究提供正确的目标导向。

(3)合作探究

明确学习任务以后，教师应立即组织学生围绕活动主题展开合作探究。

(4)评价与反思

这一步主要是组织全体学生对各小组合作学习的过程和结果进行交流，在广泛交流的基础上师生共同对各小组学习效果做出评价。学生对照他人的学习情况对自己的学习活动进行反思。

2. 合作学习应注意的问题

(1) 进行小组合作学习需要有充分的理由

我们常常看到这样的现象：有些课堂尽管采用小组学习的组织形式，但所讨论的问题没有思考性、启发性和探索性，学生不加思考就能回答；有的问题虽有思考性，但学生刚刚反应过来，还未进入讨论状态，教师就宣布讨论结束；有的小组内分工不明确，一开始讨论，学生就显得手忙脚乱，要么组内能力强的学生"一言堂"，其他学生唯命是从，要么一哄而起，使得小组讨论成为课堂教学的一种"摆设"，把小组合作学习简单化和庸俗化。究其原因，主要是教师对小组学习策略准备不足。组织小组合作学习并不是一件简单的事，它需要教师做大量的课前准备工作，包括对学生的学习特点、教学目标、教学环境和资源等进行深入和细致的分析，在问题情境、自主学习、协作环境和学习效果的评价等方面进行系统的设计，只有这样小组合作学习才能真正发挥作用。

(2) 小组合作学习应让更多的人表现自我、体验成功

学生存在差异，所以在学生开展小组合作学习的时候，教师应走到学生中间去，在组间巡视，关注学习有困难、默默不语的学生，让他们在教师与同伴的帮助和鼓励下，积极地在小组合作学习中表现自我，从而获得成功的体验。

(3) 小组合作学习并不仅仅是座位方式的变革

不少教师只要一提到小组合作学习，首先想到的就是座位方式的改变。如果问及为什么要改变座位方式，却说不出很充分的理由。正因如此，我们常常看到一些课，光有小组合作学习的形式——让几个人一组围坐一起，事实上并没有真正意义上的合作。教师既没有照顾到学生的个别差异，也未曾注意让小组合作学习中每个成员机会均等的参与。为了避免一部分学生由于得不到充分的参与学习活动的机会不得不处于"旁观""旁听"地位的学习状况，我们应该选择恰当的机会让学生进行小组合作。例如，当教师提出一个问题，学生纷纷举手时；当提供的材料

有限，需要资源共享时；当问题有一定难度，需要群策群力时教师组织学生进行小组合作。

(4)小组合作学习离不开教师的组织和引导

要让小组合作学习真正发挥作用，教师必须充分发挥主导作用，课前要认真地做准备。教师可以从以下几个方面进行准备：第一，为什么这个环节要进行小组合作学习？不用可以吗？第二，如果要用，什么时候进行？问题怎么提？大概需要多长时间？可能会出现哪些情况？该如何点拨、引导？第三，如何把全班教学、小组教学、个人自学三种具体的教学形式结合起来，做到优势互补？第四，学习中哪些内容适合进行班级集体教学？哪些内容适合小组合作学习？哪些内容适合个人自学？如果按以上几点做课前准备，小组学习的效率会大大提高。

(5)合作的方式需要长期学习，合作的习惯需要长期培养

学会合作是时代对人的基本要求。现实生活中的许多事情，大都需要通过人与人之间的交往、合作才能得以完成。课堂上的小组合作能为学生提供更多表现自我的机会，有利于学生人际交往、优势互补，促进个体的社会化。

在不少课堂上，我们常常会看到这样的现象：当一个学生发言时，其他学生并没有认真听取别人的意见，还是一味地举着手，不住地喊"老师，我，我……"，有的甚至在别人发言时"勇敢"地站起来，为发表自己的见解而数次打断发言人。因此，要让学生在小组合作学习中学会与人合作的方法；让学生学会倾听，处理好踊跃发言与虚心听取的关系；让学生学会思考，处理好独立思考与合作交流的关系；让所有的人积极参与，特别关注小组学习中保持沉默的学生。

(三)问题讨论合作学习课的教学过程与方法

问题讨论合作学习课教学一般用于单元教学，其基本程序是：看书自学→提出问题→思考问题→分组讨论→师生小结→学生练习。根据提出问题的主体，其教学组织形式分为主要由教师提出问题和主要由学生提出问题两种基本形式。

1. 在教师提出问题的这种形式中，关键是教师对问题的设计

问题的来源和设计基础是多方面的。一是对教学材料的准确把握，即对材料的价值、目的、重点、难点、疑点及整体结构的准确把握，教师要以物理体系的总体把握为基础，把中学物理教材内容放在物理学科的大背景中定位，把中学物理教材内容放在物理整个发展的历史长河中来把握，从而发掘并把握教学材料的内在结构和价值，从而使教学有一定的高度。二是对往届学生学习中反映出的一般性问题的积累。三是利用作业、考试、练习、交谈、面批、答疑等各种机会，采用有意观察、提问查询、提示启发、设置障碍检测等方法对学生的思维动态进行调查分析。了解和掌握学生在学习物理知识、解决物理问题中的种种行为，仔细分析这些行为所反映的学生各个阶段的思维状况，从而在把握教学材料的内在结构和学生的认知方式及结构的基础上，运用教学经验，多角度、多形式地发掘并设计问题，以具有合理的高度和梯度的问题系列来构建合理的教学结构。

2. 在学生提出问题的教学形式下充分体现学生在学习中的主体性

教师中介问题的提出，一方面可使"问题"系列成为"教学问题"系列，从而展开教学过程；另一方面还可使学生渐渐意识到，自己所提问题中存在的不明确、无序或者不规范等问题，从而使学生在提出问题的过程中，学会如何发现问题和提出问题，培养自己的问题意识。

这种问题讨论合作学习课对促进学生有效学习是十分明显的，主要表现在以下四个方面。

第一，把问题作为教学的出发点可诱发学习动机。学生可以很快进入问题解决的思考状态。

第二，突出教学中的重点、难点、疑点，促使学生对没有意识到和领悟到的问题进行思考，还可以培养学生思维的批判性品质。

第三，这种有序组合、有序呈现的具有合适高度和梯度的一系列问题，能使各种智力水平的学生均处于逼近目标的积极思维状态之中，并各得其所，体现了因人施教、分层施教。

第四，问题讨论合作学习课教学的实施促使学生用物理的眼光看待周围的事物和现象；培养自己发现问题、提出问题的意识和能力，这是最基本的科学研究能力。

可见，问题讨论合作学习课教学策略的实施，把传统教学中仅着眼于培养学生分析问题、解决问题的能力，提高到了培养学生发现问题、提出问题和解决问题的能力，这是一种飞跃。发现问题、提出问题是科学创造的开端，是培养学生创造能力的根本途径。在某种程度上，这是针对中国传统教学弊端而走出的一条十分有效的路子。

在问题讨论合作学习课的教学中，教师要以学生为主体，充分调动学生学习的主动性和积极性。在教师的引导和启发下，学生积极开展讨论，对物理问题进行思考、讨论、分析与研究，最终得出正确结论。这一教学方式能让学生真正成为学习的主人，落实学生的主体地位，极大地培养学生自主学习、合作学习和探究学习的能力。

3. 精选讨论课题

讨论课的课题要精选。讨论课的课题应符合以下四个原则。

(1)重要性原则

讨论课的课题应该是高中物理知识中比较重要的概念、规律、现象或公式等，如加速度的概念、电磁感应现象和规律、电磁场中粒子的运动分析等。

(2)疑难性原则

讨论课的课题应该是高中物理知识中的疑难问题，学生学习这些概念、规律或公式时感到困难，如认识运动与力的关系(牛顿定律)、加速度的概念、场的概念等。

(3)模糊性原则

讨论课的课题应该是中学物理知识中学生常常感到模糊的一些概念、规律、公式和现象，如静摩擦力的大小和方向的确定、光的本质等。

(4)抽象性原则

讨论课的课题应该是高中物理知识中的一些抽象物理概念、现象等，如加速度、电场强度、磁感应强度等。

4. 精心设计讨论题

讨论课的课题选定之后，就要围绕课题精心设计讨论题目。精心设计并提出启发性的问题是讨论课获得成功的重要因素之一。同时，问题的设计要面向全体，兼顾各种层次的学生，使讨论课的实践性得以充分体现。设计和选择讨论题时要注意以下三个问题。

(1)讨论题要有典型性和针对性

所选的讨论题要有典型性和针对性，有利于加深对物理概念和规律的理解，有利于纠正学生的错误认识，有利于排除生活中前概念的影响。

(2)讨论题要难易适度

所选的讨论题要有一定的难度，太简单没有讨论价值，太难不利于调动学生的积极性。因此，要根据学生的实际和讨论课题的特点，选择一些难易适度的讨论题，形象地说，要以学生跳起来摸得着为准。讨论题难易程度的设置是否合理是讨论课成败的关键因素。

(3)讨论题要有适当梯度

讨论题要有适当梯度。一组讨论题有难有易，在排列讨论题的顺序时要由易到难，循序渐进，逐步深入。这样做既符合学生的认知规律，又能逐步调动学生的学习积极性。学生通过对问题的讨论，逐渐加深对物理概念和规律的理解，才能透过表象去理解知识的本质。

5. 有效组织学生进行讨论

讨论问题选好后，就要有效组织学生对问题进行讨论。可采用以下五个步骤。

(1)自学准备

在讨论课之前，教师先把选编的讨论题发给每个学生，让学生对讨论题进行独立思考，得出自己的结论。

(2)分组讨论

在讨论课教学时，教师可将学生分成若干个小组，学生以小组的形式进行讨论。教师选好小组组长，组长负责组织小组成员对讨论题逐个进行讨论，并由组长做好详细记录。讨论中，学生就同一问题各抒己见。

（3）集中讨论

在分组讨论的前提下，集中讨论。各小组组长汇报本小组讨论的情况，一是对问题进行讨论的结果；二是对某些问题存在的分歧。讨论中，各小组还可以就某一问题进行争论。如有些问题不能讨论出统一结果，由学习委员记录在案。

（4）教师总结

在小组讨论、集中讨论的基础上，教师对每一个讨论问题进行分析、归纳、总结，最后得出正确结论。在总结中，教师要充分肯定学生在讨论中取得的成绩，指出讨论中存在的问题，特别是对学生讨论中出现较大分歧的问题，要花大力气，详细、全面地分析产生分歧的原因，对各种糊涂认识，要进行彻底地纠正，把学生的认识引导到正确的轨道上去，使学生对有关的物理概念、现象和规律有深入的理解。

（5）巩固成果

在系统总结的基础上，教师要求每个学生对每个讨论题目进行自我总结，做出准确、完整、系统的答案。教师将总结收起来进行检查。这样做有利于学生深入理解所讨论的问题。

（四）问题讨论合作学习课的教学实例分析

教完"浮力"这一章，增加一堂学生讨论课是必不可少的。因为学生在学习该章之前，在日常生活中对"浮力"已有了一定的认识，这些认识有些是片面的，有些甚至是错误的。例如，有的学生认为，"浮力的大小决定着物体的浮沉""浮在水面上的物体受浮力作用，而沉在水下的物体不受浮力作用"……这些认识在有些学生头脑中可以说是根深蒂固的，要想纠正这些错误观念，就必须选择一些恰当的问题让学生自己讨论。在教师的指导下，学生用刚学的"浮力"的基本知识去分析、讨论，总结出正确结论，以达到消除头脑中错误认识的目的。

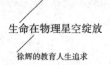

为了达到上述目的，我在教完"浮力"这一章之后增加了一堂学生讨论课。课堂组织如下。

1. 总结、归纳基本概念和规律

"浮力"这一章的内容可归纳为：一个重要的概念（浮力）、一个必须弄清的原因（浮力产生的原因）、一条重要的定律（阿基米德定律）、两个重要的条件（物体的浮沉条件和物体漂浮在液面上的条件），以及这些知识在生活和生产中的应用。

通过分析研究，我把以上这些知识用图 3-14 形象地表示了出来，让学生易看、易懂、易记。

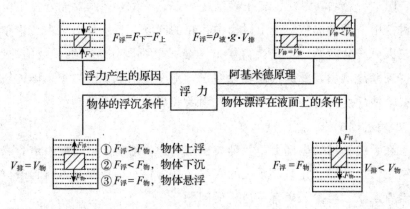

$$F_浮=F_下-F_上 \qquad F_浮=\rho_液 \cdot g \cdot V_排$$

浮力产生的原因 阿基米德原理

浮 力

物体的浮沉条件 物体漂浮在液面上的条件

$V_排=V_物$ ① $F_浮>F_物$，物体上浮
② $F_浮<F_物$，物体下沉
③ $F_浮=F_物$，物体悬浮

$F_浮=F_物$ $V_排<V_物$

图 3-14

2. 组织学生分组讨论

针对学生的错误认识，我选择了以下几个问题组织学生分组讨论。

①如图 3-15 所示，用绳子吊着一个物体 A，使物体 A 的下表面恰好与水面接触，问此时物体 A 是否受到水对它的浮力作用？为什么？

②如图 3-16 所示，有一底部开有小孔的玻璃容器，有一直径恰好与小孔直径相同的软木球放在小孔中，如果容器盛水，软木球有没有受到水的浮力？软木球将怎样运动？为什么？

③如图 3-17 所示，一个非常光滑的石蜡块，放在底部光滑的玻璃

容器中，用手按住石蜡块，再向容器中慢慢加水，直到水面全部淹没石蜡块为止，放手后，石蜡块是否受到水的浮力作用？为什么？

④如图 3-18 所示，有一个盛水玻璃容器，水中浮着一个倒立的玻璃杯，杯中封有部分空气，处于图中所示的静上状态。如果在小管中加水，玻璃杯将怎样运动？如果打开水龙头，使小管中的水面下降，玻璃杯又将怎样运动？为什么？

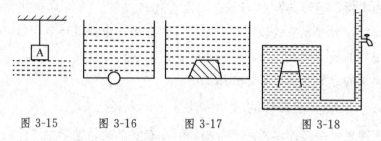

图 3-15　　　图 3-16　　　图 3-17　　　图 3-18

⑤有一密度为 0.5×10^3 kg/m^3 的木块，分别浮在水银、水、煤油中，木块在三种液体中所受浮力是否相等？为什么？

⑥有一密度和水相同的物体，可以停留在水中任何地方。它能否漂浮在水面上？为什么？

把这些问题交给学生，让学生分组自由讨论，让学生充分发表自己的见解。教师要分析产生各种错误认识的原因，然后把正确结论和错误结论进行分析和比较，以便从根本上消除学生头脑中的错误观念，达到巩固正确概念的目的。

例如，通过对①②③题的讨论，学生可进一步弄清浮力产生的原因和阿基米德定律的适用范围。通过对第④题的讨论，学生对物体的浮沉条件有更深刻的理解。通过对第⑤题的讨论，学生可弄清物体漂浮在液面上的条件。通过对第⑥题的讨论，学生可了解物体的下沉条件和漂浮条件之间的联系和区别。

这一堂课既可以培养学生分析问题的能力，又能消除学生头脑中的错误认识，还能巩固学生所学的新知识。因此，我认为这是一堂成功的问题讨论合作学习课。

二、物理现象研究合作学习课的教学

物理现象十分广泛，如声现象、热现象、反射现象、惯性现象、静电感应现象、磁现象、电磁感应现象等。面对多种多样、千变万化的物理现象，学生怀有好奇心和神秘感，觉得物理现象是一个个谜，总想把它们解开。物理学家正是从这些物理现象入手，去研究、探索这些物理现象的本质，逐步建立物理概念，发现物理规律，去解释这些物理现象。因此，物理现象的教学是中学物理教学的一个重要环节，如何做好物理现象的教学呢？为此，我们进行了专题分析与研究，总结出了物理现象教学的一般规律，具体介绍如下。

(一)采取灵活多样的教学方法

物理现象是多种多样的，有简单的，有复杂的，教学中要针对不同的物理现象采用不同的教学方法。

1. 自主学习法

有些物理现象比较简单，学生通过自学是可以掌握的。教师设计几个有关该物理现象的思考题，让学生带着问题或看教材或查阅图书资料或上网查找资料，然后在教师的指导下，分析、讨论思考题，得出结论，从而达到认识和理解该物理现象的目的。

例如，在"噪声"的教学中，因本节的教学内容比较多，也比较简单且资料丰富，我设计了以下几个思考题。

①噪声的来源有哪些？

②噪声的等级是怎样划分的？零分贝的含义是什么？

③噪声对我们的工作、学习及健康等方面有哪些危害？

④减弱噪声的途径有哪些？

我先组织学生根据这几个思考题进行自学，让学生以小组为单位交流讨论、自主探究，用自己的语言对书上内容进行重新归纳整理，解决实际问题。这样不但使学生对噪声现象有深入的认识和理解，也能够使学生充分发挥其主动性、积极性和创造性，充分体现以学生为本的新课程教学理念。

2. 演示实验法

对于有些物理现象，教师可首先用生动具体的实验直观演示，让学生观察该物理现象，使学生获得感性认识；其次，要求学生通过自学看书，来解释这个物理现象；最后，总结现象，使学生从感性认识上升到理性认识。

【案例】合作探究"超重和失重"

(1)提出概念

教师：(播放录像《电梯中的超重和失重》)说说你对超重和失重现象的理解。

(学生讨论交流后回答，师生一起订正补充完善。)

学生：超重现象是物体对支持物的压力(或对悬挂物的拉力)大于物体重力的情况；失重现象是物体对支持物的压力(或对悬挂物的拉力)小于物体重力的情况。

教师：发生超重和失重现象时物体质量变化了吗?

学生：发生超重和失重现象时，只是压力或拉力变化了，物体的质量没变。

教师：什么情况下发生超重或失重现象? 由什么决定呢? 请猜测并写下来。

学生：可能与速度有关，可能与加速度有关，可能与运动状态有关……

(2)学生实验

让悬挂砝码的弹簧秤上下运动，仔细观察弹簧秤指针的变化，并将实验现象记录下来。

(分小组实验，讨论交流后派代表表述观点。)

教师：产生超重或失重现象的条件及原因是什么?

学生甲：当物体向上运动时出现超重现象，当物体向下运动时出现失重现象。

学生乙：当物体加速向上运动时出现超重现象，加速向下运动时出现失重现象。

学生丙：当物体的加速度向上时出现超重现象，加速度向下时出现失重现象。

……

（学生会出现不同的观点，教师不要急于评判谁对谁错，在学生经历探究的过程与体验后，再根据下面的实验，纠正错误，进行反思与评价，使学生获得再认识与提高。）

（3）师生共同探索

教师演示实验：介绍装置并演示操作，记录实验现象。

运动性质	速度方向	加速度方向	拉力 F 与重力 G 大小关系	超重还是失重
加速向上	↑	↑	$F > G$	超重
加速向下	↓	↓	$F < G$	失重
减速向上	↑	↓	$F < G$	失重
减速向下	↓	↑	$F > G$	超重

学生分析讨论，得出如下结论。

加速向上
减速向下 } 加速度方向向上，产生超重现象

加速向下
减速向上 } 加速度方向向下，产生失重现象

物体出现超重现象还是失重现象仅由加速度方向决定，当物体有向上的加速度时出现超重现象，有向下的加速度时出现失重现象，而与物体的速度大小和方向无关。（引人入胜的演示实验，极大地激发了学生探究的兴趣，实验的创新设计也潜移默化地影响了学生进行实验设计的方法和思想。）

3. 实验探究法

如何让学生从各种繁杂的表象中发现其共同的本质特征？教师可通

过学生分组实验，让学生自己动手做实验，通过实验观察物理现象，探究物理现象产生的条件，理解物理现象的意义。

【案例】"电磁感应现象"的教学片段

将学生分成若干个实验小组，每组有如下器材：条形磁铁、导体棒、马蹄形磁铁、矩形线圈、原副线圈、干电池、滑动变阻器、电键、导线若干等。学生根据实验桌上提供的这些实验器材，自己设计实验方案，用尽可能多的方法得到感应电流。例如，有的学生用闭合回路中部分导体切割磁感线运动产生了感应电流，有的学生用条形磁铁插入或拔出闭合线圈产生了感应电流(学生除了能完成课本上提供的几个实验外，还能设计许多用其他方法产生感应电流的实验)。然后，学生在教师指导下将各种产生感应电流现象的原因进行归类，这些原因可以归结为如下两个方面：一是因为穿过闭合回路的磁感应强度 B 发生变化而产生感应电流，二是因为闭合回路包围的磁场面积 S 发生变化而产生感应电流。通过进一步分析，学生发现这两者有相同之处：都使回路中的磁通量发生了变化。学生认识到产生感应电流的本质原因是：回路中的磁通量发生变化。这一比较完整的探索过程充分体现了课堂教学中教师的主导性和学生的主体性及参与性，也符合建构主义学习理论和学生的认知规律，学生亲身经历和体验了知识的形成过程，对知识理解得深，掌握得牢。这样做也为学生今后独立进行科学研究做了一个示范，使学生获得知识的同时，又培养了学生的探究意识、探究能力及实践能力，不仅使学生获取了物理知识，而且使学生掌握了获取物理知识的方法。

4. 讲述、讨论法

有些物理现象学生认识和理解起来十分困难。此时，要发挥教师的主导作用，教师通过精心设计的演示实验，详细完整的理论分析，积极组织的学生讨论，使学生充分认识和理解这些物理现象。

【案例】"静电感应现象"的教学片段

第一步：做好演示实验。如图3-19所示，将 A、B 两个不带电的导体用绝缘支架固定，且相互接触，现将带电体 C 靠近 A，但不接触，发现 A、B 导体下面的金属箔都张开了，说明 A、B 导体均带了电。这种现象就叫静电感应现象。

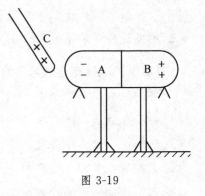

图 3-19

第二步：对这个现象进行理论分析。由电场知识可知，带电体 C 周围的空间存在电场，导体 A、B 处在电场中，导体 A、B 中有自由电子。自由电子在电场中受到电场力的作用，发生移动。开始时，A 端电势比 B 端高，故电子在电场力作用下要向 A 端移动，即 A 端有多余的负电荷，则 B 端有多余的正电荷，达到一定时间，A、B 两端电势相等，内部电场为零，自由电子不再向 A 端移动。

第三步：设计讨论题让学生进行讨论，加深对静电感应现象的理解。

例如，针对上面的实验设计如下的讨论题。

①将导体 B 接地会出现什么情况？将 A 接地呢？

②用手摸一下 B 会出现什么情况？摸一下 A 呢？

③将 A、B 分开会出现什么情况？

④A、B 不分开，再拿走 C，会出现什么情况？

⑤将 A、B 分开，再拿走 C，会出现什么情况？

引导学生对上述问题进行分析、讨论，有利于学生理解静电感应现象。

第四步：教师归纳总结静电感应现象的产生条件、本质及其物理意义。

第五步：指导学生运用静电感应现象去分析、解释有关的物理问题。

这种方法，对比较抽象的物理现象，从实验和理论上全面、综合的分析与研究，便于学生充分认识和理解这些物理现象。

以上四种方法是针对不同的物理现象总结出来的教学方法。在教学中，教师应根据学生的实际情况，结合教材的特点，灵活采用各种教学方法。

(二)物理现象教学中应注意的问题

在物理现象教学过程中，要注意以下几个问题。

1. 注意物理现象产生的条件

各种物理现象都是在一定的条件下产生的。因此，在教学中，教师应充分了解和认识各种物理现象产生的条件。有些物理现象是随着条件的变化而变化的，更应该引起注意。

例如，蒸发现象是在常温下进行的，如果液体温度升高到一定的程度，达到沸点，液体沸腾，就变成了沸腾现象。

2. 抓住物理现象的本质

物理现象千变万化，错综复杂。物理现象和过程存在各种联系。在这些联系中，有的是本质的、必然的联系；有的是非本质的、偶然的联系；也有的实际上是完全无关的东西。因此，在教学中，教师要引导学生从各种各样的联系中，排除各种非本质的联系，把现象的本质暴露出来，透过表面现象，抓住它的本质。

例如，烧开水的水壶冒出的"白气"和冬天人呼出的"白气"现象，有人认为是汽化现象，这其实是错误的。这个现象的本质是：沸水的蒸气和人呼出的水蒸气遇到较冷的空气液化成小水滴，形成雾状物，人眼看来就是"白气"。

又如，磁现象的电本质：磁铁的磁场和电流的磁场一样，都是由运动电荷产生的。

3. 理解物理现象的意义

各种物理现象都有各自的物理意义。在教学中，教师要引导学生充分理解各种物理现象所揭示的物理问题，弄清其物理意义。

例如，失重现象和超重现象并不是物体的重力发生变化，而是因为物体的运动状态发生了变化以及物体间的作用力发生了变化而产生的物理现象。

4. 注意物理现象的联系与区别

有些物理现象之间存在相互的联系，但又有区别。在教学中，教师要引导学生分析和认识这些物理现象的联系与区别。

例如，蒸发和沸腾这两种现象都是汽化现象，都要吸热。蒸发可在任何温度下发生，而沸腾只能在一定的温度下发生；蒸发只能在液面上发生汽化，而沸腾是液体内部和表面同时发生汽化；蒸发过程缓慢，而沸腾过程剧烈。

5. 注重物理现象的应用

在教学中，教师要引导学生运用各种物理现象来解释我们生活和生产中遇到的实际问题。

例如，惯性现象在日常生活中有广泛的应用：投出去的篮球能继续飞行；射出的子弹能继续飞行；交通工具高速运行时，遇到紧急情况，不易停下来，容易发生交通事故等。又如，各种热现象在日常生活中有广泛的应用：夏天扇扇子感到凉爽；冬天要穿棉衣，夏天要穿衬衫等。

只有运用物理现象去解释各种物理问题，学生才能进一步加深对物理现象的理解。

另外，在进行物理现象教学时，教师要突出物理现象的针对性、目的性和直观性。所展示的物理现象与教学内容之间要有密切联系，与所要说明的问题要具有明确的因果关系，还应贴近学生生活实际，切准学生认知过程之脉搏。通过展示的物理现象，引发学生疑问，激发学生思维，让学生产生学习兴趣，提高学习效果。所呈现的物理现象也应力求简单、直观、鲜明。

通过上述内容，我们对物理现象的教学进行了系统、全面、具体的分析与研究，总结出物理现象教学的一般规律。在教学中，要根据具体情况，采取灵活多样的教学方法，努力提高物理现象教学的水平。

三、物理课堂合作研究课的教学

研究课是中小学生的必修课程。其主要作用是，通过组织学生开展面向生活、社会、自然界等的内容丰富、形式多样的课题研究，进一步拓宽学生的学习领域，扩大学生的视野，丰富学生的感性知识和实践经验；改变学生单纯、被动接受教师知识传授的学习方式，指导和帮助学生学会主动探究知识；学会运用解决实际问题的现代学习方式；调动学生学习的积极性、主动性和自主性，使学生真正置于学习主体的地位；培养和发展学生的创新精神、实践能力、终身学习的能力以及热爱生活、关注社会、崇尚科学的品质；促使教师更新教育观念，摆正角色地位和师生关系，改变教学方式。在组织和指导学生开展研究性学习的过程中，教师应积极主动地吸纳新知识，更新自身的知识和能力结构，不断提高自身的综合素质和教育、教学能力水平；推动学校充分利用校内外的教育资源，切实搞好校本课程的开发和建设。

研究性学习是教育部颁布的《全日制普通高级中学课程计划》中综合实践活动板块的一项内容。它是指学生在教师的指导下，从学习生活和社会生活中选择和确定研究专题，主动地获得知识、应用知识、解决问题的活动。研究性学习与社会实践、社区服务、劳动技术教育共同构成"综合实践活动"，作为必修课程被列入《全日制普通高级中学课程计划》中。

研究性学习不同于综合课程。虽然在很多情况下，研究性学习涉及的知识是综合的，但是它不是几门学科综合而成的课程，也不等同于活动课程。它是学生开展的自主活动，但不是一般的活动，而是以科学研究为主的课题研究活动。它也不等同于问题课程，虽然也以问题为载体，但不是接受性学习，而是以研究性学习为主要学习方式的课程。

(一)研究课的内容

研究课内容的构建应遵循以学生发展为本的原则。现代教育将学生置于教育过程的中心，将学生的发展作为教育的目的。研究课的内容也必须体现以学生发展为本的思想。具体说，应符合以下三个方面的要求。

第一，研究课的内容主要来源于学生的学习生活、社会生活、自然界和人类自身发展等方面，涉及的研究课题是相当广泛的：可以是传统学科的，也可以是新兴学科的；可以是自然科学方面的，也可以是人文科学方面的；可以是单学科的，也可以是多学科相互交叉的；可以是偏重实践活动的，也可以是偏重文献研究或思辨性的；同时也可以是上述各种内容和研究角度相互交叉、综合的。

第二，研究课在内容上注重联系社会生活、自然界和人类自身发展的现实问题，特别关注人类的生存、经济和科学技术的发展、社会的进步等方面的实际问题。因此，课程内容在选择和设计上要遵循和体现社会性、生活性和实践性；要注意研究内容与学生的现实经验的紧密联系；努力克服当前基础教育脱离现实生活和社会实际的倾向；要创造条件为学生提供学习直接经验并在实践中获取积极情感体验的途径与机会，从而强化学生的实践意识，培养学生的综合实践能力。

第三，研究课程的内容，其呈现方式是需要学习和探究的具体问题（主题、专题和项目），可以是由教师向学生展示一个案例、介绍某些背景材料或创设一种情境而引出要学习探究的具体问题，也可以是学生在自身的学习生活、社会生活以及自然界中发现并选取自己既感兴趣，又具有研究价值的问题。因此，课程内容在选择设计上要遵循和体现研究性课程内容的问题性和可探究性。

(二)怎样上好研究课

1. 选题

进行科学研究选题非常重要。课题选得怎么样，关系到研究的价值，研究能否顺利进行等一系列重要问题。两次获诺贝尔奖的巴尔丁博士曾说，决定一个研究能否取得成效，很重要的一点就是看他所选择的科研课题。

(1)怎样选择一个好课题

什么样的课题是好课题？对于科学研究来说，好课题要符合下面的要求。

第一，目的性。科学研究是一项目的性极强的活动，课题的选择必须有明确的目的性。例如，节水洁具的设计，目的就是节约用水。

第二，科学性。科学研究是探索真理的活动。科学性要求我们注重课题的科学价值。所谓科学价值是指科学上的新发现、新创造，也包括对不正确的科学结论的纠正，对不完整的结论的补充。

第三，创新性。科学研究是对未知领域的探索活动，意在发明、创新、前进。科学研究的选题应体现创新性，这种创新性既可表现为理论、观点、概念的创新，又可表现为方法上的创新以及应用领域的创新。对于高中生来说，刚开始参与科学研究，不能要求过高，但必须做到能独立思考问题，有自己的见解。

第四，可行性。科学研究是一项严谨求实的活动。教育科研课题的选择必须充分考虑主客观条件，分析课题在实际研究过程中的切实可行性。从主观方面看，自己是否具备课题研究所必需的知识水平和研究能力等；从客观方面看，自己是否有必要的资料、工具、经费等。具体可以从以下几个方面考虑。

人力：合作伙伴；指导教师。

物力：研究地点；实验设备。

财力：资料复印费用；调研费用；交通费用；实验费用。

时间：预研究时间；实验或收集资料时间；撰写报告时间；答辩时间。

（2）课题的来源

自己在生活中或学习中遇到的问题是课题的主要来源。

爱因斯坦曾经说过，提出一个问题往往比解决一个问题更重要。因为解决一个问题也许仅仅是一个数学或实验的技能而已，而提出新的问题、新的可能性，从新的角度看旧的问题，却需要有创造性的想象力，而且标志着科学的真正进步。仔细观察，然后提出问题是科学的核心所在。对于高中生而言，这一点非常重要。那么，如何做才能提出高质量的问题呢？

建议学生准备一个笔记本，随时记下不能回答的问题，不管它是怎样一个问题。坚持不懈地提出问题，这将会提高学生的批判性思维和创造性思维的能力。学会从一个主题出发，提出各种问题，这将会提高学生综合、全面地思考问题的能力。

专题研究课的内容是开放性的，形式是多种多样的。因此，最好是由学生自己选课题，教师也可以推荐一些。凡是与物理的发展、物理在各方面的应用、物理规律等有关的项目都可以作为研究课题。根据课题的特点，学生可以在实验室做实验，可以到社会中做调查，到科技馆里参观，也可以在互联网上检索资料。学生应当充分发挥主动性和学以致用的精神，培养多方面的能力。

2. 制订研究计划

制订研究计划是保证课题按时完成、保质保量完成的一个必不可少的环节。研究计划一般包括以下八个方面。

①课题题目。

②研究目的。

③研究内容。

④研究方法。这部分主要反映一项课题的研究要"怎样做"。常用的研究方法有观察法、调查法、实验法、经验总结法等。

⑤研究程序。研究程序就是研究的实施步骤、时间规划。研究的每个步骤、每个阶段的工作任务、要求、需要的工作时间，研究者不仅要心中有数，还要落实到书面计划中。

⑥任务分工。在研究计划中，将课题研究组负责人、成员名单及分工情况写出，目的是增强课题研究组成员的责任感，以便于计划的落实。

⑦实施条件。

⑧成果形式。成果形式指论文、调查报告、实验报告、研究报告和方案设计成品制作等。

3. 怎样围绕课题查阅文献

查阅文献并不是一件很容易做的工作，需要一定的技能，而这一技能是随着不断查阅而积累起来的。查阅文献时不仅需要耐心、细致、仔细，而且需要经过慎重的考虑，并按照一定的程序去做，而不是到图书馆东抄一段，西抄一段。

为有效地进行文献的查阅，应该按照下列过程进行。

第一，对课题提出一系列的疑问，然后分析这些疑问与课题的关系，以确定想要查询的信息或问题是某一数据、某一概念还是某一观念。

第二，根据这些问题或信息的性质选择检索工具，即确定是通过百科全书等参考性工具书，还是通过报刊索引等检索性工具书进行查找。

第三，研究检索途径，即是去本校的图书室，还是去本地区的图书室，或者向有关教师或专家咨询。

第四，选定检索范围，即从最近出版的书籍和期刊开始往前查，还是限查某几年的书籍和期刊等。

第五，利用检索工具书所提供的查找线索进行查找。

第六，一旦查到你所需要的文献，就可以去索取该文献。

第七，阅读文献，得到你所需要的信息。

4. 文献资料的整理加工

从事科学研究仅仅会查阅文献还不够，还要对文献资料进行加工整理，也就是通常所说的信息处理，它包含整理和加工两项工作。

（1）整理

查阅到有关的文献之后，把它进行摘录（标明出处，包含题目、作者姓名、出版单位、版本、出版时间，或者期刊的年号、期号，报纸的年、月、日等）或复印，然后按顺序排列、归类。摘录可以写在笔记本上，也可以写在卡片上。但笔记本不便于资料的归类整理，而卡片不仅便于归类整理还便于查找、携带。卡片纸要大小一致，一张卡片只记一个观点、事例或问题，每张卡片上的内容都要标明出处。网络资源要写清网址。

（2）加工

加工是指对信息进行分析思考，然后剔除不实材料，去掉过时、重复的材料，对有价值的材料进行研究。这个阶段往往要做以下几个方面的工作：写批语、做记号、写提要、做札记。写批语，就是在所摘录资料的空白处写上自己的见解、解释或疑问。做记号，是对重点、难点、精彩之处或自己感兴趣的内容画上的各种标记，如直线、曲线、波浪线、圆圈、括号、着重号、问号、感叹号等。写提要，就是对包含各种信息的研究文献进行总结，即把原文的基本内容、主题思想、观点、独到之处或其他数据，用自己的话加以概括。做札记，就是在笔记本上随时记下自己读书时的心得体会和种种想法。札记不求形式，你可以随时记下你在阅读时的思考。做札记的好处在于能更好地帮助你去记忆和思考。

5. 成果报告

成果报告就是汇总所查找的某一类别的所有资料，然后进行加工处理，内化为自己的结构体系写成的一份报告。每一份成果报告实际上就是一项研究报告，它能为自己或别人的研究提供有价值的东西。

(三)开展研究课时应注意的几个问题

任何教学方法都不是万能的，研究性学习法也不例外。在开展研究课时必须注意以下几个问题，才能收到预期的教学效果。现将需要注意的问题归纳为"七性"，分叙如下。

1. 主动性

主动性就是千方百计激发学生的求知欲，使学生愿意进行研究，主动探索。

2. 可能性

虽然学生有研究的愿望，但教师还必须为学生创造进行研究的客观条件，如内容、时间、设备、方法和环境等，使学生得以发挥他们的最大热情和聪明才智。

3. 关键性

我们的教学实践证明：研究内容的选择关系到研究的效果。因而，教师必须引导学生抓住关键性的问题进行研究，以点带面，举一反三，避免不分主次，平均使用力量。

4. 层次性

教师要引导学生根据知识的内在联系，分层次地、由浅入深地研究那些关键性问题；注意贯彻因材施教的原则，使每个学生都能在适合自己的层次里进行研究，都有所提高，不能"一刀切"。

5. 网络性

教师在教学中要注意揭示知识的纵横、宏观、微观联系，使分散的知识网络化，便于学生记忆、理解和掌握，增强思维的流畅性和敏捷性，提高联想力和想象力。

6. 实效性

使用"研究法"进行教学，教师要从实际出发，安排好"研究活动"，不搞形式主义。

7. 高效性

要有效地利用课堂上的每一分钟，使每次研究都是有效的，提高学习效率。

(四)研究课实例分析

高中物理课本中有如下一个小实验。

给你两节干电池，两个规格(2.5 V，0.3 A)相同的小灯泡，几根导线及一个滑动变阻器。请你利用这些器材设计电路，要求当滑动变阻器滑片移动时，一个灯泡变亮，另一个变暗。你可以设计出几个方案，并用实验加以验证。

针对这个问题，教师组织学生进行分组合作学习研究。

大多数学生都能设计出两到三个方案，有少数学生设计的方案达九个之多。

①如图 3-20 所示，当滑动变阻器的滑片 P 向右移动时，A 灯变亮，B 灯变暗。

②如图 3-21 所示，当滑动变阻器的滑片 P 向右移动时，A 灯变亮，

B 灯变暗。

③如图 3-22 所示,当滑动变阻器的滑片 P 向右移动时,A 灯变亮,B 灯变暗。

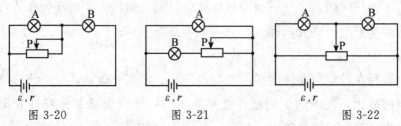

图 3-20　　　　　图 3-21　　　　　图 3-22

④如图 3-23 所示,当滑动变阻器的滑片 P 自下向上移动时,A 灯由暗变亮,B 灯由亮变暗。

⑤如图 3-24 所示,当滑动变阻器的滑片 P 自下向上移动时,A 灯由暗变亮,B 灯由亮变暗。

⑥如图 3-25 所示,当滑动变阻器的滑片 P 向右移动时,A 灯变亮,B 灯变暗。

⑦如图 3-26 所示,当滑动变阻器的滑片 P 向右移动时,A 灯变亮,B 灯变暗。

⑧如图 3-27 所示,当滑动变阻器的滑片 P 自下向上移动时,A 灯由亮变暗再变亮,B 灯由暗变亮再变暗。

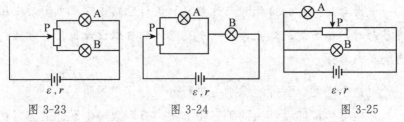

图 3-23　　　　　图 3-24　　　　　图 3-25

⑨如图 3-28 所示,当滑动变阻器的滑片 P 自下向上移动时,A 灯由暗变亮再变暗,B 灯由亮变暗再变亮。

通过对方案的设计,并用实验加以验证,学生看到自己设计的方案成功了,喜悦之情溢于言表。这样做既锻炼了学生的创造性思维能力,又锻炼了实验研究能力。

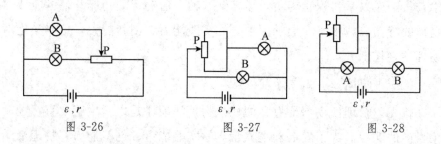

图 3-26   图 3-27   图 3-28

四、物理课外活动合作学习课的教学

物理课外活动是物理教学中实施素质教育的重要途径之一。目前对于课外活动课没有"课标"，也没有"教材"。这是摆在教师面前的难题，因此许多学校根本不开展物理课外活动课。

物理课外活动能开阔学生物理知识方面的眼界，提高学生对物理及有关科技知识的学习兴趣；培养和发展学生自学和独立进行实验的能力，指导和加强学生对物理个别领域做较深入的钻研；强化学生的物理知识，使学生运用物理知识去解决实际问题；同时还能使学生掌握一些实验技能和技巧，有利于锻炼学生的能力，提高学生的素质。

怎样才能上好活动课呢？为此，我们进行了专题研究，总结出了活动课教学的基本方法。

(一)什么是物理活动课

物理是自然科学中一门建立在实验基础上的学科。物理活动课是由学校有目的、有计划、有组织地通过多种活动形式，开展以学生为主体，以实践性、自主性、创造性、趣味性为主要特征的课程。物理活动课的目标是为促进学生身心全面发展提供实践经验，为培养未来公民的基本素质及良好的个性品质打下基础，为弥补学科课程的不足提供补充，为改变学校教育围着考试转开辟新途径。物理活动课不同于物理学科课程，它是在教育者有计划、有目的地设计和学生积极主动配合参与下进行的。活动课对学生进行能力和智力、组织协调性的训练，从而提高学生的思维能力和判断力，以增强学生的合作意识和创造性。因此，学校教学应以学科课程为主，活动课为辅。活动课的功能与任务应突出物理的特点，着眼于发展学生独立的实践能力、创新能力，培养学生对物理的兴趣。

(二)物理活动课的特点

首先，物理活动课要有目的性。物理活动课是以学生获取直接经验为目的的课程。为了发展和培养学生的实践能力、创新能力，物理活动课在开展时应有明确的目的性。

其次，主体性和主动性是物理活动课的核心。在物理活动课中，学生始终是知识、技能、能力、品德的主动获取者。学生是否主动参与活动，是衡量物理活动课是否有效果的重要标志。教师设计物理活动课要在学生主动参与上下功夫。物理活动课的主体是学生。因此，活动课必须发挥学生的主体作用。在活动过程中，学生不仅要全体参与，还要全程参与。

最后，物理活动课就是围绕"物理"开展活动的课程。既然是活动，就应先在"活"中做文章，以"活"来培养学生学习物理的兴趣。"兴趣"是学习的先导。为使学生对活动产生浓厚的兴趣，教师要根据学生的年龄特征和知识水平，选择有趣的内容和学生喜闻乐见的形式。同时，教师的语言应力求形象生动、通俗易懂、简洁准确。

(三)物理活动课的内容和形式

中学生物理活动课的内容和形式主要有以下几种。

1. 资料研究交流汇报性活动

资料研究交流汇报性活动是以信息收集为主的实践活动。通过查阅图书资料，搜索网络上的信息资料，参观博物馆，调查、采访等方式获取信息，然后整理加工。把这些资料整理、改写成论文、调查报告、读书报告等，让学生用自己的语言在班级内进行交流。例如，选定"电磁辐射的危害与防护""交通工具的发展及利弊""能源的开发与利用"等研究课题，让学生利用各种途径自己查找有关资料，并进行综合整理，写成论文或调查报告，组织学生进行交流，并举办课题研究报告会。

这类活动课的目的是培养学生查找资料的能力，对资料进行整理、归纳、分析的能力，以及写作能力和表达能力，等等。

2. 以设计和动手制作为主的小实验、小制作、小发明活动

这类活动要划定范围，要明确具体要求，并且要留出足够的创造空间和制作时间。例如，引导学生利用废旧器材制作针孔照相机、万花筒、天平、杆秤、潜水艇、太阳能热水器、水果电池、太阳灶、土电话等。又如，举办科技创新竞赛。在这些活动中，明确要求学生要在技术和创新方面入手，开动脑筋解决生活和生产中的问题，先自己设计相关发明制作的方案，并对设计进行答辩、论证和评比。对可行的方案，小组成员一起找材料落实制作，最后对制作出来的作品进行展示交流。

这类活动课将课堂和课外小实验、小制作、小发明有机结合起来，培养学生的动手能力和创造能力。

3. 以实验探究为主的操作实践活动

这类活动要创设问题情境，引导学生主动探求知识。我们从学科和生活中选择或设计具有可操作性和实践性的研究课题，让学生采用类似于科学研究的方法主动探究、发现，获取知识，解决问题，在实践中学会学习。以实验探究为主的操作实践活动，课题的范围要小一些，研究和实验的操作性要强一些。课题来源既可以是物理教学大纲中的实践活动参考题，也可以是教师设计的一些课题或学生提出的自己感兴趣的课题。例如，"探究自由落体运动规律""探究形变与弹力的关系""如何测定水的电阻率""小台灯亮度的调节""鸡蛋碰地球竞赛""利用单摆测定重力加速度""估测人体的输出功率"等。

这类活动课将学科知识和生活实际有机地结合起来，让学生体验科学研究的方法，培养学生探究问题和解决问题的能力。

4. 举办物理趣味活动

这类活动是让学生体会到物理的趣味，提升学习物理的兴趣。例如，举行一次"自制乐器音乐会"，学生用药瓶、盘子、烧杯、橡皮筋等

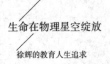

材料制作的吹奏、打击、弹拨乐器演奏出动听的乐曲。又如，在高二年级定期举办物理晚会，通过学生表演有趣的节目（如纸带悬人、头顶碎砖、二龙戏珠等）和讲有趣的物理故事，以及猜物理谜语等活动，激发学生学习物理的兴趣，调动学生学习物理的积极性。还可以举行趣味物理"游园会"，开展各种趣味物理实验（如瓶子吃鸡蛋、吹不熄的蜡烛、筷子提米、纸托水杯、铜丝灭火、瓶子赛跑、烧不断的棉线等），让学生体验学习物理的乐趣。

这类活动课将物理知识融入各类趣味活动中，使学生在游戏中更深刻地理解物理知识，锻炼实验操作能力和创造性思维能力。

5. 编辑《学物理》小报

组织学生编辑《学物理》小报。小报内容包含介绍学习方法、科技知识，推荐课外读物，刊登学生的解题方法与技巧，介绍小实验、小制作、小发明的方法与技巧，举行擂台榜（学生出题学生解）等。这样做极大地丰富了学生的课余生活，活跃了学生学习物理的气氛，培养学生综合运用物理知识的能力。

6. 开展物理竞赛活动

(1)举办实验操作竞赛

如"测定金属的电阻率""测定匀变速直线运动的加速度""控制电路的连接""测定电源的电动势和内阻"等操作比赛，这类活动课可培养学生的实验技能与技巧。

(2)举办应用物理知识竞赛

在学习完相关物理知识后举办应用物理知识竞赛。例如，在八年级，学生学了照相机的相关知识之后，举办"学摄影"比赛。通过比赛，学生对照相机的原理、使用方法有深入理解；在高中一年级，学生学习了牛顿运动定律之后，举行"趣味拔河"比赛，通过比赛使学生对力与运动的关系有更深刻的认识。这类活动课有利于培养学生应用物理知识的能力。

（3）举办国际物理奥林匹克竞赛训练活动

在高中年级组建物理竞赛训练小组，经过系统而严格的强化训练，学生参加全国物理竞赛。成绩优秀者还可参加国际物理奥林匹克竞赛，为国争光。这类活动课可培养学生研究物理科学的能力。

（四）物理活动课的教学方法与步骤

物理活动课时间比较充裕，形式灵活多样，又能照顾到学生的兴趣爱好，为我们开展灵活多样、丰富多彩的活动创造了有利条件。

1. 物理活动课的教学方法

物理活动课是以学生活动为主，教师活动为辅的课型。物理活动课的形式是多种多样的，内容是丰富多彩的。因此，教学中教师要根据不同形式、内容的活动，采用灵活多样的教学方法。

（1）指导—自学法

指导—自学法是指在教师的指导下，学生通过自学，去开展一些活动。这种方法适用于举办资料研究报告会、编辑《学物理》小报等活动。

（2）指导—实验法

指导—实验法是指在教师的指导下，学生通过自己亲自设计并进行物理实验来开展实验活动。这种方法适用于开展小实验、小制作、小发明、物理探究实验、物理趣味实验、物理晚会、物理实验竞赛等活动。

（3）讲—练结合法

讲—练结合法就是通过教师对课程外更深入的物理知识的讲解，学生进行系统的强化训练，去钻研物理科学。这种方法适用于高中年级物理竞赛训练班教学。

2. 物理活动课的教学步骤

（1）精选活动课题

要结合教材内容、学生特点、学校的实际情况，确定物理活动课的内容。

（2）设计活动方案

根据确定的活动课题，设计活动方案。一个具体的活动方案应包括以下内容：活动课题、活动目的、活动内容、活动时间、活动形式、参加人数、器材准备、活动中应注意的问题。

(3)实施活动方案

当一个具体的活动方案设计出来之后，教师就要组织实施活动方案。物理活动课不同于学科性课程。物理活动课的本质是让学生通过物理实践活动达到学习的目的。学生是物理活动课的中心和主体，教师必须有效地控制和保障活动课的有序进行。在活动过程中，在教师的指导下，学生充分发挥主体作用，调动学习的积极性。

(4)活动总结

活动结束后，教师要及时加以总结，对活动取得的成果要充分肯定；对活动中取得的突出成果，要给予恰当奖励，提高学生参加活动的积极性；对活动中存在的问题要进行恰当分析，指导学生找出解决办法。

(五)物理活动课教学中应注意的问题

1. 精心组织活动课

活动课成败的关键在于教师对活动的组织是否科学合理，安排是否恰当，指导是否得法。因此，教师应当针对不同情况对活动进行恰当的组织和指导，以保证活动顺利进行。每节物理活动课应有其相应的教学目标。为防止流于形式，使学生真正有所得，教师必须精心备课构思、精心准备和布置，并指导学生做必要的准备。首先，教师在每次实践活动开始时要先动员。教师讲实践活动形式，内容范围，研究方法(如调查、采访、查询、收集资料、实验等)，研究成果汇报的方式(如作品展览、展板、论文、实验报告、网页)，以及相关的知识(物理、科技制作等方面)。其次，教师要组织学生上好活动课。开展实践活动的组织形式一般是小组合作，目的是培养学生合作与交往的能力。教师将学生分成3~5人的小组。分组有三种形式：班级内自由结合、班级内随机组合、跨班级随机组合。选举组长，做好分组名单记录，以便检查督促，建立实践活动课记录档案，准备实践活动过程记录表。最后，教师要指导学生选题、申报课题。题目要具体、可操作；设计课题申报表，指导学生制订自己的研究计划，包括研究内容、研究方法、时间安排、成果形式等。教师对学生申报的课题进行审批，主要看是否符合要求，是否可行。

2. 活动课要贯彻因材施教的原则

在活动课上，教师对学生的指导还必须遵循学生的年龄特点及心理规律，因材施教。对基础差、能力弱的低年级学生可多做具体指导，而对能力强的高年级学生则可放手让其进行独立活动。活动课的内容虽然与教学内容有一定的联系，但可以不受教学大纲的限制，可以是超出教学大纲范围的相关知识和技能，为学有余力的学生提供扩大和深入学习的机会。

3. 活动课要坚持自愿参加的原则

学生参加活动是根据各自的兴趣爱好自由参加的，一定要坚持自愿的原则。要使学生对活动产生浓厚的兴趣，自愿参加物理活动，在构思活动时，教师要根据学生年龄特征和知识水平，选择有趣的内容和学生喜闻乐见的形式。同时，教师也要做好适当的引导和动员工作。

4. 活动课应充分发挥学生的主体作用

活动课的特点是以学生活动为主，学生是活动课的中心和主体。学生自己实践，动手动脑，主动探索，主动创造。学生可以自己提出问题、思考讨论、查阅资料、设计实验、分析结果、发表论文……学生可以饱尝成功的喜悦，也可以体验失败和挫折。因此，活动课应充分发挥学生的主体作用，调动学生学习的主动性和积极性。活动课的方式应尽可能地发挥学生独立钻研和创造的精神，使之各展所长。

5. 活动课应培养学生的创造性思维能力

活动课要放手让学生去自由活动，要允许和鼓励用不同的方式和方法来解决同一问题，对学生的独立见解、新方法、创新精神要大力表扬，充分肯定。在活动过程中，教师要注意提醒学生养成严谨、踏实的科学作风，教会学生互相协作，建立良好的人际关系。同时，在学生遇到疑难问题并提出求助时，教师要给予必要的指点引导。在课堂上，教师还要及时表扬和鼓励学生，肯定学生的成绩，指出其存在的问题。活动课程要达到培养创造性思维能力的目标。

6. 活动课应提高学生收集、处理资料和动手操作的能力

活动课几乎没有任何现成的资料，所需要的各种数据、事例，都要靠学生自己去寻找、查阅、选择、摘录、分析。这种能力对于学生今后的生活和工作都是极为有用的，在信息大爆炸的今天，尤其如此。

中小学生不会使用普通工具，不会完成生活中简单的技术性操作，都是经常被人们所批评的现象。而对于活动课来说，动手操作可以说是每个单元的必要环节。无论活动的具体内容怎样，通常都需要学生进行不同类型和不同难度的动手操作。在活动课中，学生这方面能力的提高是极为显著的。

开设物理活动课是物理教学改革的新课题，其功能和旺盛的生命力已在教学实践中显示出来。在物理教学中实施活动课程，创造一个有利于开发、发展学生潜能的环境，对提高学生的整体素质、培养学生的创新精神和创造能力起到重要作用。因此，我们应该做开展物理活动课程的有心人，认真开设好物理活动课，为提高学生的物理素质而努力。

【案例】物理活动课典型教学设计

(一)"鸡蛋撞地球"大赛活动方案

1. 活动背景

愈演愈烈的国际竞争，归根结底是科技的竞争，是人才的竞争。本着"科技育人"的宗旨，广州市南沙第一中学精心打造课外活动课程，积极开展学生课外科技竞赛活动，引导学生培养创新能力、实践能力和动手能力，全面提高学生的综合素质，培养新一代创新型人才。

"鸡蛋撞地球"始于20世纪80年代，起初为英国科促会青少年部组织的青少年科技活动。此活动包含丰富的科学知识，涉及物理学中压强、冲量、物体平衡、空气阻力等科学原理，对学生思维方法的培养和锻炼极为有利。

2. 活动目的

近年我国航空航天技术日新月异，科技的进步开阔了广大中学生的

视野，使广大中学生对科技活动产生了浓厚的兴趣。全面发展的中学生应充分发挥创造能力，把学习的知识融入实践中。为此，我校拟举办"鸡蛋撞地球"大赛活动。通过模拟飞行器的着陆，引导学生从降落伞等高空落物及物品包装抗震防震等力学原理中得到启发，设计"结构合理、定点落地、平稳着落、构思新颖"的参赛作品。通过活动让学生明白，科技创新不是一定要搞大的发明、大的创造，而是来源于生活的点点滴滴，只要你善于观察，善于总结，那么创新才会得以实现；同时通过活动提高学生的动手动脑能力、创新意识及团队协作能力，为每位学生提供一个展现自我的平台，从而完善自我、升华自我。

3. 活动主题

让梦想之蛋软着陆，共创美好未来。

4. 活动时间

2014 年 10 月 26 日。

5. 活动地点

物理实验楼。

6. 活动对象

广州市南沙第一中学全体学生。

7. 活动内容

(1)前期准备

报名：各班于 10 月 23 日之前将报名表上交到年级组长处，再由年级组长交物理科组。

设计和准备：比赛所用鸡蛋由物理科组统一做标识后发放到各参赛队，以班级为单位，每班选送三件作品，其保护装置自行设计和准备。保护装置的任何部分不许置于着陆地点以及下落路线中。

(2)作品要求

①不能对鸡蛋进行物理或化学处理。

②不允许加入炸药、高压气体、利器等危险装置。

③参赛作品要贴上标签，内容包括作品名称、制作者姓名和所在

班级。

（3）评分标准

类别	项目	要求	评分
客观参量 （80分）	鸡蛋完整性 （40分）	鸡蛋完好无缺	40分
		蛋壳破裂，无蛋内组织外流	20分
		鸡蛋破碎，蛋清或蛋黄流出	0分
	落点准确性 （15分）	静止后落点在最内圈	15分
		静止后落点在次内圈	10分
		静止后落点在外圈	5分
		静止后落点在圈外	0分
	材料质量 （25分）	材料质量 （25分）	装置材料(含鸡蛋)的质量要求不得超过200 g。大小按排名得分。质量最轻者得25分，次轻者得22分，第三名得20分，此后逐名减1分，低于5分者得5分；超过200 g得0分。
主观参量 （20分）	结构的难易程度	结构的简单程度，运用原理的多少	10分
	综合印象	作品外观设计与创新性	10分
	加分奖励	二楼不加分，每增加一层楼加1分	最多加5分

补充说明：

①鸡蛋落点区域为三个同心圆，半径分别为0.5 m、1 m、1.5 m。

②从二楼开始投下，工作人员记录第一轮比赛成绩后，成功过关的参赛者自由选择更高楼层挑战第二轮比赛。若挑战成功，第二轮比赛成绩计为最终成绩；若挑战失败，第一轮比赛成绩计为最终成绩。

③每班参赛作品三件，比赛将分年级按最终得分从高到低排序，其

余的均为鼓励奖，各班的团体总分由三件作品的得分相加计算。(一、
二、三等奖按10、7、3分计入团体总分。)

(4)实施比赛

比赛阶段：参赛选手按规定时间、地点准时到位进行检录。迟到超
过10分钟者取消比赛资格。每件作品只有一次投放机会。

定点着陆：参赛选手在比赛指定地点接到指令后立即将作品(保护
装置+鸡蛋)抛下；没轮到的选手站在下面观看，感受现场气氛及观察
鸡蛋下落过程的状态。

计分：鸡蛋着陆停稳后，评委组将根据比赛规则为选手打分；下一
组选手做准备；全部投放完毕后，对没有撞碎的作品的外包装进行
称量。

公布总成绩：比赛将分年级按最终得分从高到低排序——一等奖两
名；二等奖四名；三等奖八名。

8. 器材准备

生鸡蛋200个，电子秤3台，横幅1条，海报2张，邀请函36份，
传单1000份，帐篷11顶，桌椅50套，音响1套，无线麦克风2个，
红地毯，饮用水2桶，一次性纸杯若干，便利饮水器2个。

9. 可行性分析

该活动可加强学生在科技探索中独立思考和动手能力的培养，让学
生充分发挥创新思维，学以致用。其可行性主要体现在以下几个方面。

①融趣味于科学，激发学生探索科学的兴趣，学生参与积极性高。

②组队参赛，有效促进学生间的沟通交流，提高团队合作精神。

③活动实用性强，可操作性高，富有科学性且难度不大。

10. 注意事项

(1)安全保障要求

不提倡学生自行试验。因为自行试验而误伤他人或损坏设施，由参
赛选手承担全部责任。

比赛现场：在指定区域内观看比赛，绝对禁止进入比赛区域，工作

人员时刻维护现场秩序。

比赛期间：定时清理现场，及时处理地上的碎鸡蛋。

(2)影响因素

天气：不能下雨，尽量无风。

落点场地：平坦、松软。

(二)"鸡蛋撞地球"方案分析

1. 降落伞型

降落伞型，顾名思义，就是利用降落伞，增大空气阻力，以使鸡蛋连同整个装置平稳落地。这种方案最容易想到，因为跳伞、宇宙飞船减速，都运用了这个方法，效果很好。这个方法的安全性极高，使整个装置达到较小的速度即可匀速下落。装置的质量也不会很大。唯一的缺点就是：受大气扰动影响太厉害，会使实验装置飘忽不定，准确性较差，往往不能落到指定位置。

2. 外包装型

外包装型，就是用较多的减震材料将鸡蛋严严实实地包裹起来，如泡沫、棉花、各种填充材料等。通过这些材料的缓冲作用，达到保护鸡蛋的目的。平常生活中用各种填充材料保护贵重用品的方法相信大家都见到过。这的确是一个有效的方法。这种方案由于受空气阻力影响很小，所以准确性较高。由于所使用材料的密度极小，所以可将整个装置的质量降到最低。但美中不足的是：整个装置是自由下落状态，到达地面时的速度较大，因而对装置的坚固度和缓冲效果要求较高，安全性稍差一点。

3. 不倒翁型

不倒翁型，就是使整个装置像不倒翁一样，把重心尽可能降低，使得装置下落时能保持稳定状态，确保始终让一个面着地。那么保护工作只需要在这一个面做好就行了，这种方法节省了材料。这种方案充分考虑到了上一种方案可能出现的在空中翻滚的现象，是基于上一种方案改进形成的。其可靠性远远高于上一种方案，更节省材料，准确性更高。

美中不足的就是为了确保装置的重心降低，势必要在底部放上一个质量较大的物体，这就大大加大了整个装置的质量。

4. 多面体型

多面体型，就是把整个装置制作成一个多面体，将鸡蛋用结实的绳子固定在多面体的中央，使整个鸡蛋悬空。装置落地后，不论哪个面着地，鸡蛋都不会着地，鸡蛋就完好无损了。这种方案无须过多的材料，只需要制作多面体的骨架和几根线即可，用料极其节省，因而质量会大大降低。因受空气阻力较小，所以稳定性较好。但这种方案的一个很大的缺点就是多面体不易制作，结实程度不高，落地后可能会散架，鸡蛋也就碎了。

5. 双气球型

双气球型，就是将鸡蛋放在一个气球中，充入一定量空气，在外面再套一个气球，充入适量空气。这样两层气球之间就会形成一个气垫，这个气垫会使鸡蛋免受地面的冲击。这种方案所用材料应该是所有方案中最省的，只是两个气球的质量，几乎可以忽略不计。但这种方案有一个致命的缺点就是两层气球之间有一块是紧密接触的，没有气垫的保护，如果此面着地，鸡蛋很容易破裂。另外，由于质量太轻，受空气扰动影响，其稳定性也不是很好。

6. 螺旋桨型

螺旋桨型，就是在整个装置上方安置一个螺旋桨，靠流动的空气推动或遥控，使螺旋桨旋转起来，以提高安全性和准确度。这极像直升机的飞行原理。这种方案因螺旋桨的转动而减小了装置下落的速度，安全性更高。如果是遥控，准确性也会很高。问题是如何保证螺旋桨始终朝上，螺旋桨一旦不朝上，准确性将无法保证。如何保证螺旋桨平稳旋转也是一个问题。

7. 盐水型

盐水型，就是配制密度很大的氯化钠溶液，让鸡蛋漂浮在上面，落地后盐水就充当了缓冲材料，保证鸡蛋不破。这种方案新颖独特，用盐水缓冲，安全性较高，受到空气阻力影响很小，准确性较高。但装置不易控制，如果装置在空中翻滚，盐水洒出，就起不到保护作用了。因此，一定要保证装置重心稳，并且尽可能降低。这种装置的质量问题也是不容忽视的，毕竟，盐水的密度要比泡沫大得多。

8. 吸管组型

吸管组型，是指用几根吸管绑在一起做成吸管组，将几组吸管组搭成金字塔形，将鸡蛋夹在中间，用胶条固定。由于吸管是中空的，可以起到缓冲作用。这种方案材料来源广泛、质量轻、体积小，因而准确性较好。至于安全性，可能要差一点，毕竟吸管的缓冲作用有限。

以上各种方案的偶然性较大，但是仅是从理论层面对各种方案进行了分析，实际操作中会有各种意想不到的事情发生。而且实际操作中影响实验的情况很多，如天气情况的影响、场地情况的影响、装置制作情况的影响、鸡蛋大小和形状的影响等。而且以上各种情况都只是简单说明，看上去很容易，做起来还是有一定难度的。

五、物理概念建立合作学习课的教学

物理概念反映了物理现象和物理过程的本质属性，是物理事实的抽象。它不仅是物理基础理论知识的重要组成部分，而且也是构成物理规律，建立物理公式和完善物理理论的基础和前提。

学生学习物理的过程就是要不断地建立物理概念，如果概念不清，就不可能真正掌握物理基础知识。正如像盖房子所需要的钢材、木料、水泥一样，物理概念是思考问题的基础，选择定律、公式的过程，就是运用一系列概念在头脑中进行思考、判断和推理的过程。再者，物理定律与公式都是从概念出发，通过实验、经过思考而建立的，它反映的是物理概念之间的内在联系。例如，部分电路的欧姆定律 $I=U/R$，它体现了一个电阻上的电流 I 与电阻 R 本身的大小以及它两端的电压 U 的大小之间的关系。因此，在中学物理教学中，概念教学是一个重点，也是一个难点。为此，我们在长期的教学中，对概念教学进行专题研究，总结出了概念教学的基本规律。下面就怎样上好概念课进行具体分析。

(一)概念的引入

在概念教学中，要重视概念引入的必要性和重要性。

1. 概念引入的目的

我国基础教育物理课程已经确立了新的课程理念与目标，更新了教学内容和要求，推广了基于探究的多样化的教学策略，这些都使得物理课堂发生了显著的变化，取得了惊人的成果。然而，关于物理概念在物理课堂的传递，相关理论和实践都尚未有平行的跟进，这使得课程理念和目标的落实要面临许多风险。实际发生在课堂中的情况也表明，肤浅的"探究"活动及对事实类信息的强调和不当使用并非个别现象。在这样的情况下，强调概念在物理课堂教学中的重要作用，强调概念的理解而不仅仅是对事实的记忆，已经变得十分必要和迫切。所以在概念教学中，我们只有让学生明确引入概念的必要性和重要性，才能调动学生的学习积极性。

例如，为什么要引入"位移"这个概念？

在初中物理教学中，我们引入"路程"这个概念来描述物体的运动，但不同物体运动过程中在相同的时间内位置变化不同，而路程不能准确描述物体的运动，所以在高中阶段为了描述物体的位置变化我们用位移来表示。有的物体位置变化快（如运动的汽车），有的物体位置变化慢（如运动的自行车），为了区分不同物体的位置变化，我们要引入"位移"这个概念。

2. 概念引入的常用方法

引入概念，不要千篇一律，只用同一种方法。引入概念的方法很多，下面介绍几种常用的方法。

(1)通过演示实验引入概念

如"浮力"概念引入之前，做一个演示实验：在弹簧秤下悬挂一个重物，用手向上托重物，弹簧秤示数变小；把重物放入水中，可观察到弹簧秤的示数也变小了。据此引入"浮力"概念，学生易于接受。

（2）通过类比法引入概念

如在引入"电压"概念之前，讲清水流与水压的关系；在引入"电势""电势差"和"电势能"的概念前，讲清重力场中的高度、高度差和重力势能等相关概念。再通过类比，引入电流与电压的关系，从而引入"电压""电势""电势差"和"电势能"概念，这种方法，形象生动，学生易于接受和理解。

（3）通过物理现象引入概念

如在引入"惯性"概念的教学中，结合乘车视频引导学生观察乘客在乘坐汽车的过程中，当汽车刹车、加速、拐弯时乘客所发生的现象，通过分析引入"惯性"概念，学生易于接受。

（4）通过问题引入概念

在日常生活中，人们往往会根据生活经验得出某种错误的结论。如在引入"密度"概念的教学中，教师先提出问题"有人说铁比木头重，这句话对吗？"让学生讨论，有的学生说铁比木头重，还举出一些例子说明；有的说不一定，但又讲不出道理。教师在学生争论的基础上，归纳出物重除了与构成这种物体的物质有关外，还与其体积有关，据此引入"密度"的概念。这种方法，引起学生争论，使课堂气氛活跃，收效甚好。

（5）通过物理故事引入概念

物理是研究物质结构、物质相互作用和运动规律的自然科学，是一门以实验为基础的自然科学。如在引入"大气压"这个概念时，可介绍马德堡半球实验的故事。又如在引入"磁场"的概念时，可讲述我国古代四大发明之一的"指南针"的故事。通过物理故事，激发学生的学习兴趣，加深对概念的认识。

（6）通过逻辑推理引入概念

如"电场"和"磁场"这两个概念是通过逻辑推理的方法引入的。由力的概念可知：力是物体对物体的作用，通常物体间发生作用时，都是直接接触的，而电荷对电荷的作用、磁极间的相互作用，没有直接接触。

那么电荷间、磁体间是怎样发生相互作用的呢？由逻辑推理可知：电荷周围和磁体周围的空间存在一种特殊的物质——电场和磁场。

(7)通过学生已有经验引入概念

在引入"力"的概念时，学生对力已经有了亲身体验，如校运会上运动员投射铅球、投掷标枪、学生提水冲凉等日常生活中涉及有关力学问题，教师从而抽象出力的物体性，进而引入力的概念。在引入"弹性势能"的概念时，学生根据自己在日常生活中对弹簧的了解，当压缩弹簧或拉伸弹簧释放后都可以使静止的物体获得动能，这说明弹簧被压缩或拉伸时都具有一定的能量，这种能量叫作弹性势能。这样的概念引入，便于学生理解概念。

总之，引入概念的方法多种多样，要根据具体情况，采用最恰当的引入方法，才能产生最好的效果。物理概念的引入过程，首先要能引起学生的注意，明确概念学习的目的；其次要能激发兴趣，引发学习动机；最后还要起承前启后，建立知识联系的作用。

(二)概念的建立

物理概念是从物理现象和事实中抽象出来的，是用来表征物质的属性和描述物质运动状态的。任何物理概念都建立在客观事实基础上，在建立物理概念的过程中，应尽可能从具体事物、事例或演示实验出发，使学生对物理现象获得清晰的印象，然后通过分析，抓住现象的本质，使学生从具体的感性认识上升到抽象的理性认识，从而形成物理概念。

1. 概念建立过程中应注意的问题

(1)准确性

一个概念，如果在建立的过程中，教师讲得准确、生动、形象，学生便易于接受，并且能留下深刻的印象，不容易遗忘。其中特别重要的是准确性，如果学生第一次接受某概念时，对概念模糊不清，将会影响他对概念的理解、记忆和应用。

(2)直观性

物理概念是从直观的感性认识经过抽象上升到理性认识而形成的。

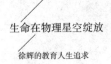

直观性是相对于抽象性而言的，人的认识来源于人的感觉和感觉器官对外界的直接反映。直觉能使学生获得感性认识。教师要把学生的感性认识与对概念的抽象理性认识联系起来，建立桥梁，激发学生对物理概念的学习兴趣，发展学生的认知能力，使学生把握住概念的基本属性。

（3）简洁性

一个物理概念的表述应该具有科学性、准确性及简洁性。应该用最简洁的文字表达完整的物理意义，如力是物体对物体的作用。短短的几个字就能阐明力的本质。通过概念我们知道"力是作用"，那力是什么作用呢？由"物体对物体的"几个字揭示出力的物质性。有人认为有两个"物体"不是重复吗？这里两个物体，说明了力的相互性，至少要有两个物体才能产生力的作用。

2. 物理概念的定义方法

（1）直接定义法

物理概念中有相当一部分是根据物理现象直接给它下定义的。例如，力是物体对物体的作用，物体所含物质的多少叫质量，等等。

（2）比值定义法

物理概念的定义式是一比值，如密度$\left(\rho=\dfrac{m}{V}\right)$、速度$\left(v=\dfrac{s}{t}\right)$、加速度$\left(a=\dfrac{\Delta v}{\Delta t}\right)$、电阻$\left(R=\dfrac{U}{I}\right)$、电场强度$\left(E=\dfrac{F}{q}\right)$等。这类概念一般来说是从某个侧面反映事物的特性，这些比值的大小是由事物本身的属性所决定的，而与比式中的各量无关，并且在一定条件下，这些比值是一个恒量。

（3）乘积定义法

物理概念的定义式是几个物理量的积，如电功（$W=UIt$）、电功率（$P=UI$）等。对于这类物理概念，我们应从它们所能产生的效果去认识它的特性。

（4）差值定义法

物理概念的定义式是几个物理量的差，如位移（$S=x_2-x_1$）、电势

90

差($U_{AB} = \varphi_A - \varphi_B$)。

(5)和值定义法

物理概念的定义式是几个物理量的和，如合力($\vec{F} = \vec{F_1} + \vec{F_2} + \cdots$)、总功($W = W_1 + W_2 + \cdots$)等。

(6)极限思维定义法

物理概念的定义式是几个物理量的数学极限表达式，如瞬时速度($v = \lim\limits_{t \to 0} \dfrac{\Delta s}{\Delta t}$)、瞬时加速度($a = \lim\limits_{\Delta t \to 0} \dfrac{\Delta v}{\Delta t}$)等。

(7)函数定义法

物理量的概念的定义式是物理量的函数表达式，如正弦式电流瞬时表达式($i = I_m \sin \omega t$)、正弦式电压瞬时表达式($u = U_m \sin \omega t$)等。

(三)概念的理解

一个物理概念建立以后，教师要引导学生理解这个概念，让学生在理解的基础上记忆，只有理解，才能记忆深刻、运用自如。

1. 抓住概念的本质特征，理解概念

物理概念建立以后，教师首先要揭示概念的本质特征。教师要充分运用各种直观手段做好演示活动或将概念与生产、生活实际联系，让学生在头脑中对物理现象和事物构成一幅物理图，帮助学生抓住概念的本质特征建立物理模型。

如对"电阻"概念进行理解时，由 $R = \dfrac{U}{I}$ 可知，对一个确定的导体而言，这个比值是个恒量，它表示导体的一种物理性质。那么 R 表示导体的什么性质呢？通过实验可知：当电压 U 恒定时，R 增大，I 将减小。这说明 R 可以表示导体对电流的阻碍作用的大小，从而得出结论：R 是表示导体对电流阻碍作用大小的物理量。此时必须用实验证明导体的电阻跟电压、电流强度无关，而是由导体本身性质决定的，即 $R = \rho \dfrac{L}{s}$，在温度不变的条件下，对同一导体来说，不管电压和电流强度的数值如何，电阻的大小总是不变的，这就抓住了电阻概念的本质。

2. 理解概念的物理意义

一个物理概念，有确定的物理意义。学生只有深入理解概念的物理意义，才能全面、系统、深刻地理解这个物理概念。

如向心加速度历来是学生感到抽象难懂的概念。向心加速度只能改变线速度的方向，不能改变线速度的大小，是描述线速度方向变化快慢的物理量。有不少学生对向心加速度能改变线速度的方向，但不能改变线速度大小这种特性不能理解。其原因还是对向心加速度的物理意义理解不透，此时应引导学生从向心加速度的特点出发，认清向心加速度与线速度方向的关系，即互相垂直，故向心加速度不能改变线速度的大小。通过对向心加速度的物理意义的理解，不难分析物体做曲线运动和直线运动的区别：当物体做直线运动时，物体受到的合外力与物体的运动方向共线，在垂直运动方向无分力，不会改变物体的运动方向，如图3-29所示；但当物体做曲线运动时，物体受到的合外力与物体的运动方向不共线，此时合外力在垂直物体运动的方向上有分力，这个分力即为"向心力"，用来改变物体运动的方向，如图3-30所示。

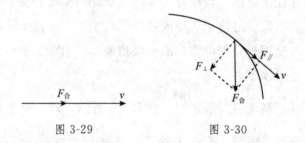

图 3-29   图 3-30

3. 理解概念间的联系与区别

在物理中，有些概念很相似，但其意义却有本质的区别。在教学中既要注意某一概念的本身，又要注意不同概念之间的联系，采用找联系、抓类比的教学方法来讲清这些概念，让学生知道其中的区别和联系。这对帮助学生理解和掌握这些概念有很大的作用。

如电场和磁场既有区别又有联系，变化的电场可以激发磁场，变化的磁场可以激发电场，变化的电场和磁场是相互联系的，形成一个不可分离的统一的整体——电磁场。

(四)概念的深化和活化

概念是发展的。讲物理概念，必须按照循序渐进的教学原则，注意形成概念的阶段性。学生对概念的认识，只能是从简单到复杂，逐步加深，不可能一下子就理解得很透彻，它是随着学生认识水平的提高，抽象思维能力的增长而逐步深化的。

1. 概念的阶段性

有些物理概念的学习具有阶段性，不同的阶段，学生对概念的认识和理解的深度和广度都不相同。因此，在概念教学中，要结合学生的认知能力，分阶段、循序渐进的深化物理概念。

如"力"的概念的教学阶段性十分突出：初中阶段只讲力是物体对物体的作用；高中阶段将力分为力学中的重力、弹力、摩擦力、万有引力，热学中的分子力，电学中的电场力，磁学中的磁场力，核物理中的核力，学生对力的认识和理解是逐步深化的，不可能一步到位。

2. 概念的发展性

有些物理概念是随着科技进步和人类社会发展而发展的，如人们对核力的认识是有限的，关于核力的本质，目前科学家还没有弄清楚，因此，在"核力"概念的教学中，要讲清已经认识到的一些内容，还要讲清其发展性。

3. 物理概念与日常生活中的观念的区别

日常生活中的观念容易与物理概念混淆，要特别注意这两者的不同。一个物理概念，它的内涵是什么，只能依据它在物理中的意义去理解，不能以"想当然"的办法对待。例如，日常生活中可以说"铝比铁轻"，这不会引起太大的误会；物理却不能认可这个说法，它要问"难道一块很大的铝（如体积为 $1\ m^3$）比一块很小的铁（如体积为 $1\ cm^3$）轻吗？"，它认为应该在相同体积的条件下比较质量，那才能显示这两种物质不同的某种特性，所以正确的说法应该是：铝的密度比铁的密度小。

4. 概念的局限性

如"速度"这个概念具有局限性。物理把速度定义为"运动物体在某一方向上单位时间所通过的位移",即 $v=s/t$。人们坚信上述公式是普遍适用的。然而,这里的"t"究竟是代表自然时间、常识时间还是绝对时间?这样界定的速度概念只有在"t"是绝对时间的情况下才可能具有绝对意义和普适性。所以,当人们接受上述公式的时候,实际上就接受了概念化的、无限的、连续的和均匀的绝对时间。然而,在现实空间里,不存在绝对时间。实际上,外化于一切物理过程的绝对时间只是思想存在,而非客观存在。绝对时间观念下的速度概念只能停留在理论上。而唯一能够使公式 $v=s/t$ 用来解决实际问题的办法,是放弃绝对时间观念,将"t"理解为常识时间,并在常识空间或类似的局部现实空间有条件地来使用。这一公式的真正价值也正体现在这里。

(五)概念的巩固

在理解的基础上,进一步巩固概念,我们在教学实践中摸索出了三种较为有效的方法,这三种方法是分类、归纳、应用。

1. 分类

物理概念按其定义不同可以分为三类。

第一类,概念的定义式是个比值,如密度、电阻、场强等。一般来说,这类概念是从某个侧面反映事物的特性,这类比值的大小是由事物本身的属性所决定的,而与比式中的各个量无关,且在一定的条件下,这些比值是一个恒量。

第二类,概念的定义式是几个物理量的积,如功、热量等。对于这些概念,我们应从它们所能够产生的物理效果去认识它们的特性。

第三类,没有物理公式的概念,如力、温度、质点、熔点等。这些概念有的是描述事物特征的,如熔点;有的是从物理效果去认识它的,如力的概念。在教学中,教师可根据概念的类和属,进行类比教学。

2. 归纳

通过归纳组成逻辑性的概念体系,有利于记忆、巩固概念。概念的学习是分散在每一节中的，这样，难免出现彼此脱离、割裂的现象。为了解决这一矛盾，教师必须做好概念的归纳，使之条理化、系统化。

3. 应用

概念教学的最终目的是让学生能运用概念来解决具体问题。因此，在概念教学中，教师要引导学生运用所学的物理概念来分析、解决有关的物理问题。在概念的运用中，学生能加深对概念的理解，形成自然记忆，并借此促进思维的发展，及时暴露概念学习中的问题。

例如，学过蒸发后，教师及时提出的问题：晒粮食的时候，为什么要把粮食放在向阳的地方？为什么有风的日子粮食干得快？我们在夏天扇扇子并不能降低气温，但为什么觉得凉快？

再如，学过"弹力"和"摩擦力"这两个概念后，教师可以设疑：物体相互接触一定有弹力吗？两物体间存在摩擦力时一定有弹力吗？摩擦力一定阻碍物体的运动吗？然后结合生活中的具体实例进行分析，使学生深刻体会到弹力产生的条件是"两物体相互接触发生挤压而产生弹性形变时产生弹力"。而摩擦力必须是两物体间产生弹力后有相对运动或有相对运动趋势时才会产生。摩擦力也可以是物体运动的动力，如传送带传送货物。

通过上述内容，我们对物理概念教学进行了系统、全面、具体的分析与研究，总结出了物理概念教学的一般规律。但教学是一门科学，又是艺术，教无定法。因此，在物理概念教学中，教师只有不断创新、不断改进教学方法，才能提高概念教学的水平。

六、物理规律探究合作学习课的教学

物理规律（包括定律、定理、原理和法则等）是物理现象、过程在一定条件下发生、发展和变化的必然趋势及其本质联系的反映。它是中学物理基础知识最重要的内容，是物理知识结构体系的枢纽。因此，规律教学是中学物理教学的中心任务。怎样才能搞好规律教学呢？为此，我们进行了专题研究与分析，总结出了物理规律教学的一般方法。

(一)物理规律的类型

物理中的规律十分广泛,大致可分为以下三类。

1. 实验规律

物理中的绝大多数规律,都是在观察和实验的基础上,通过分析归纳总结出来的,我们把它们叫作实验规律,如牛顿第二定律、欧姆定律、法拉第电磁感应定律、气体实验三定律,等等。

2. 理想规律

有些物理规律不能直接用实验来证明,但是具有足够数量的经验事实。如果把这些经验事实进行整理分析,去掉非主要因素,抓住主要因素,推理到理想的情况下,总结出来规律,我们把它叫作理想规律,如牛顿第一定律。

3. 理论规律

有些物理规律是以已知的事实为根据,通过推理总结出来的新规律,我们把它叫作理论规律,如动能定理是根据牛顿第三定律和运动学的公式推导出来的,万有引力定律是牛顿经过科学推理而发现的。

(二)物理规律教学的基本方法

在物理规律的教学过程中,教师不仅要让学生掌握规律本身,还要让学生对规律的建立过程、研究问题的科学方法进行深入了解。为此,对不同的物理规律应采用不同的教学方法。

1. 实验规律的教学方法

实验规律都是在实验研究的基础上总结出来的。教学一般可采用以下几种方法。

(1)探索实验法

探索实验法就是根据某些物理规律的特点设计实验,让学生通过自己做实验总结出有关的物理规律。

例如,在牛顿第二定律的教学中,教师先用两课时,让学生在实验室分别做实验探索加速度与力的关系和加速度与质量的关系。学生通过实验得出结论：在质量一定的条件下，加速度与外力成正比；在外力一定的条件下，加速度与质量成反比。在此基础上，教师指导学生总结加速度、外力、质量间的关系，得出牛顿第二定律。

学生能深刻理解、牢固记忆由探索实验法总结出来的规律，这种方法还能充分发挥学生学习的主动性，增强学生学习的兴趣。更重要的是，学生掌握了研究物理问题的基本方法。

（2）验证实验法

验证实验法采用证明规律的方法进行教学，从而使学生理解和掌握物理规律。具体实施时先由教师和学生一起提出问题，教师将物理规律直接告诉学生，然后指导学生并和学生一起通过观察分析有关现象、实验结论来验证物理规律。

如在"力的合成方法"的教学中，教师可采用如下的方法和步骤。

第一步：从复习旧知识引入新课题，提出问题。

以天花板上的吊灯受力分析为例：可用一根绳子来吊住灯，使它不向下掉；也可用两根绳子吊住灯，使它不向下掉。用一根绳子吊住灯时，灯受一个拉力作用；用两根绳子吊住灯时，灯受两个拉力作用。学生可以看出两个拉力作用的总效果与一个拉力产生的效果相同。

教师提出问题："合力与分力二者间有何关系呢?"

第二步：将平行四边形定则明确告诉学生。

第三步：让学生通过实验验证平行四边形定则，再在此基础上，进行理论探讨，得出合力大小与方向的表达式。

验证实验法的最大特点是学生学习十分主动。这是因为在验证规律时，学生已知问题的答案，对于下一步的学习目的及方法已经清楚，所以会更加有的放矢地操作。

（3）演示实验法

演示实验法就是教师通过精心设计的演示实验，引导学生观察，根据实验现象，师生共同分析、归纳、总结出有关物理规律。

如在"焦耳定律"的教学中，教师可采用如下方法。

第一步：根据日常生活和生产实践经验，分析出电热 Q 与电流强度 I、电阻 R 和通电时间 t 有关。

第二步：控制变量法。

当电流 I、时间 t 一定时，研究电热 Q 与电阻 R 的关系。

当电阻 R、时间 t 一定时，研究电热 Q 与通电时间 t 的关系。

第三步：通过演示实验找出 Q 与 I、R、t 的关系。

我们采用先进的教学设备——实物投影仪，将温度计液柱的升降情况直接投影到大屏幕上，使全部学生都能看到温度计液柱的变化。

由实验得出结论：当 I 与 t 一定时，R 越大，Q 越大；当 R 与 t 一定时，I 越大，Q 越大；当 I 与 R 一定时，t 越大，Q 越大。

第四步：根据演示实验结论，分析得出焦耳定律。

教师利用这种方法教学时要充分发挥演示实验的作用，增强演示实验的效果。

2. 理想规律的教学方法

理想规律是在物理事实的基础上，经过合理的推理到理想情况而总结出的物理规律。因此，在教学中，应采用"合理推理法"。

如在牛顿第一定律的教学中，教师要引导学生分析，在不同表面上做小车沿斜面下滑的实验：平面越光滑，摩擦力越小，小车滑得越远。如果推理到平面光滑，没有摩擦力的情况下，小车将永远运动下去，且速度不变，做匀速直线运动，从而总结出牛顿第一定律。

3. 理论规律的教学方法

理论规律是由已知的物理规律经过推导，得出的新的物理规律。因此，在理论规律教学中，应采用"理论推导法"。

如在"动能定理"的教学中，教师提出问题：质量为 m 的物体在外力 F 的作用下，由速度 v_1，经过位移 s，达到速度 v_2，请同学们运用所学知识，找出外力所做的功与物体动能变化的关系。同学们在教师的指导下，根据牛顿第二定律和运动学规律，运用"理论推导法"推导出动能定理的数学表达式。

(三)物理规律教学中应注意的问题

在物理规律教学中，根据不同的规律采用不同的教学方法，但不管采用何种方法，均应注意以下几个问题。

1. 弄清物理规律的发现过程

物理规律的发现，大致分为以下三种情况。

第一，实验规律是经过多次观察和实验，进行归纳推理得到的。

第二，理想规律是由物理事实，经过合理的推理而发现的。

第三，理论规律是由已知规律经过理论推导而得到的新规律。

2. 注意物理规律之间的联系

有些物理规律之间是存在相互关系的。以牛顿第一定律与牛顿第二定律为例，两个定律是从不同的角度回答了力与运动的关系。牛顿第一定律是说物体不受外力时，做什么运动；牛顿第二定律是说物体受力时，做什么运动。牛顿第一定律是牛顿第二定律的基础，没有牛顿第一定律，就不会有牛顿第二定律。

3. 要深刻理解规律的物理意义

在规律教学过程中，教师要引导学生深刻理解规律的物理意义，防止学生机械记忆规律，应用时死套规律。为使学生深刻理解规律，教师应做好以下几点。

第一，从理论上解释实验规律，让学生从理论和实验两个方面来充分认识物理规律。例如，玻马定律是实验定律，教师可以从分子运动论来解释它，让学生做到理论与实验相统一。

第二，让学生从物理意义上理解物理规律的数学表达式。例如，$\rho = \dfrac{m}{V}$，对同一物质而言，不能说密度跟质量成正比，跟体积成反比。因为同一物质的密度是不变的。

第三，要引导学生总结物理规律间的相互联系，这有利于学生深入理解物理规律。例如，动量守恒定律与牛顿第三定律的关系；动能定理、动量定理与牛顿第二定律的关系；等等。

第四，让学生充分认识物理规律中各个物理量的物理意义。例如，$F=ma$ 中的 F 指的是物体所受的合外力；在 $\varepsilon=\dfrac{\Delta\varphi}{\Delta t}$ 中，要区别 φ、$\Delta\varphi$、$\dfrac{\Delta\varphi}{\Delta t}$ 的物理意义；在 $a=\dfrac{\Delta V}{\Delta t}$ 中，要区别 V、ΔV、$\dfrac{\Delta V}{\Delta t}$ 的物理意义。

4. 注意物理规律的适用范围

物理规律往往都是在一定的条件下建立或推导出来的，只能在一定的范围内使用。超越这个范围，物理规律一般都不成立，有时甚至得出错误的结论。这点往往被学生忽视，学生遇到具体问题时，容易乱套用物理规律，或者盲目外推，得出错误结论。因此，在物理规律的教学中，教师要引导学生注意物理规律的适用范围，使学生能够正确使用物理规律解决实际问题。

（四）运用物理规律解决实际问题

在规律教学中，教师要指导学生运用物理规律去分析和解决具体的物理问题，在使用的过程中进一步加深对物理规律及其物理意义的理解。

要提高学生运用物理规律解决具体问题的能力，教师应从以下几个方面努力。

第一，通过典型例题，培养学生运用物理规律解决实际问题的能力。例题起示范作用。通过对例题的分析，教师总结出解决问题的思路、方法与步骤，引导学生应用物理规律解决实际问题。例如，牛顿第二定律的应用可分为三个方面：一是由力 F 求加速度 a；二是由加速度 a 求力 F；三是由 $m=\dfrac{F}{a}$ 来解释惯性与质量的关系。针对上述三种情况，教师可以各设计一个典型例题，指导学生运用牛顿第二定律解决实际问题，从而达到培养学生运用物理规律解决实际问题的能力。

第二，通过练习，强化训练学生运用物理规律解决实际问题的能力。精心挑选习题，让学生通过适量的训练，在实践中总结运用物理规律解决实际问题的方法与技巧，从而达到提高运用物理规律解决物理问题的能力。注意：习题要少而精，不搞题海战术。

第三，适当组织测验，检查学生运用物理规律解决实际问题的能力。适时、定期组织物理测验，是检验物理规律教学效果的有效途径。

值得注意的是，在学生运用物理规律的过程中，教师要指导学生不断总结分析问题和解决问题的方法与技巧，使学生能够做到举一反三。

第四节　竞赛训练特色鲜明

我从 1987 年开始从事黄冈中学的物理竞赛训练工作，从 1999 年开始担任物理竞赛主教练，积极组织物理训练，取得了丰硕的成果。之所以能够取得如此辉煌的教学成绩，是因为我依据著名心理学家布鲁纳的"学习学科知识结构"、"发现法"理论和新课程"探索、发现"的教学理念，创建出了适用于物理竞赛教学的"自学探究、讨论交流"的竞赛教学方法。其基本结构是：根据竞赛教学的内容，提出问题→自学探究→讨论交流→提炼概括→运用创新。

一、竞赛训练体制不断完善

黄冈中学自 20 世纪 80 年代开展奥林匹克竞赛训练以来，训练体制不断完善。

(一)组织形式不断完善

开展奥林匹克竞赛训练以来，训练经历了以下四种组织形式。

①自由参赛、学生自学、教师个别指导。

②以班为单位，成立兴趣小组，由任课教师辅导。

③每班选几个人，全年级集中，组成兴趣小组，由一位教师负责，各任课教师集体辅导。

④组成竞赛班，实行"五四制"：对于一个班，由班主任，数学、物

理、化学、生物主教练五人一组，由班主任负责；对于每个学科，由教练组长和高一、高二、高三主教练四人一组，由教练组长负责。

(二)训练体制不断完善

第一阶段：没有系统训练措施，也没有竞赛资料，指导学生看一些较难的高考复习资料。

第二阶段：以班为单位成立兴趣小组后，由任课教师找一些比高考要求难一些的题目，印出来，发给学生，让学生课外去完成。教师评讲，并讲一些方法与技巧。

优点：训练比较系统，责任明确。

缺点：教师精力不够。

第三阶段：由一位教师负责，全年级任课教师分工协作，每人负责一部分，比较系统全面地补充竞赛知识点，扩大知识面，总结解题方法与技巧。

优点：发挥集体智慧。

缺点：责任不明，团队责任心不强。

第四阶段：主教练负责制。每个年级都有一位教师任主教练，全面负责本年级的竞赛训练。这样做，能够有计划、有步骤、系统而全面地开展竞赛训练。平时主要是主教练一人独立进行竞赛训练，到假期，由主教练请几位教师帮忙进行综合训练。

优点：责任明确，训练系统化，一人为主，多人为辅。

缺点：训练结果往往取决于主教练的素质与责任心。

(三)竞赛班的组建方法

在学科竞赛中，参赛学生的选拔是极为重要的环节。兴趣是最好的老师，选拔的基础是学生对物理的爱好。经过小学、初中阶段的全面教育，不少学生已初步具有良好的素质，如兴趣广泛、思路敏捷、领悟力强、精力旺盛、勤奋好学、求知欲强、自尊自爱，善于独立思考，有自己独特的学习方法和见解。不少学生有较强的动手能力，有敏锐的观察力和好奇心。为了稳定学生兴趣，我们要求教师做到热爱学生，做学生的知心朋友；用教师的人格魅力去影响学生；用课堂的语言艺术及表演艺术去维系学生的兴趣；灵活多变的教学方法和低起点的教学思路使学生有成就感，发展学生的兴趣；通过开展必要的课外活动和课外兴趣实验培养学生的兴趣。这些途径使学生在进校较短时间内就对学习产生浓厚兴趣，为下一步的选择打下基础。

竞赛班的学生挑选方法如下。

1. 初选

初选是由学校组织，由各学科(数学、理物、化学)主教练命题(另加语文、英语)，在全省范围内考试，选拔 200 名优秀学生。

初选注重考查学生的知识面是否宽广，基础知识是否牢固，是否掌握分析问题的基本方法和能力。

2. 培训

在每年 7 月中旬，高一年级从新生中先预选 300 人左右，进行为期45 天的训练(主要是各科的高一教材)，主要训练学生接受新知识和运用新知识分析问题和解决问题的能力。

3. 复选

在训练的基础上由各学科主教练结合训练内容，各命三份试题，然后进行三次选拔考试，结合学生志愿和考试成绩，由主教练挑选各科学生，从中选拔出 45 名优秀学生，组成 1 个竞赛班(其中数学 15 人、物理 12 人、化学 10 人、生物 8 人)。

复选注重考查学生分析问题、解决问题的能力，以及创新意识、心理素质等非智力因素。

二、竞赛训练方法科学合理

(一)训练计划科学

1. 新课教学

高一学年学完高中物理教材的全部内容。

2. 同步竞赛训练

高一学年在学完高中物理教材全部内容的同时，还要同步进行竞赛训练，每周一次。高一学年与教材同步将竞赛的基本内容全部训练完。

3. 综合训练

(1)暑假综合训练

每年暑假将高一、高二两个年级物理小组的学生组织起来，进行综合训练。

(2)高二学年综合训练

高二学年将进行套题综合训练，每周三次。

4. 实验训练

实验训练分为以下几轮。

①高一学年基本实验技能训练，约 20 次(每次 3 学时)。

②高二学年综合实验技能训练，约 20 次。

③暑假参加武汉大学培训基地的实验提高训练。

④部分优秀学生参加省集训队进行实验培训。

(二)训练时间合理

①高一学年，每周二下午、周六一天(9 学时/周)。

②高二学年，每周二下午、周四下午、周六一天(12 学时/周)。

③每年暑假高一、高二各训练 25 天(150 学时)。

④实验训练，利用晚自习时间进行训练。

高一学年训练共 20 次约 60 学时。

高二学年训练共 20 次约 60 学时。

暑假参加武汉大学培训基地实验培训约 60 学时。

(三)训练资料完整

①第一届至第二十三届全国联赛的初赛、复赛、决赛试题。

②各省市物理竞赛试题。

③各种物理竞赛书籍

④外国物理竞赛试题。

(四)训练方法恰当

1. 理论训练方法

(1)新课教学

新课教学面向全班学生,以高考大纲及物理教学大纲为基准适当扩充相关知识点。教学目标:使学生掌握基础知识,扩大知识面,训练学习物理的思维方法,培养分析物理问题的能力。

(2)高一学年同步竞赛训练

在高一学年进行同步竞赛训练时,分单元、按知识点,先补充有关竞赛的知识点及原理,之后精心挑选组织相关训练例题、练习题。具体的训练方法是:先串讲有关竞赛涉及而新课中没有讲的知识点,再讲典型例题,着重分析解题的思路和方法,特别是一些特殊方法,最后进行有针对性的训练。

(3)高二学年的综合训练

高二学年的综合训练分两个阶段进行。

第一阶段:进行专题方法训练。围绕某一个方法精心挑选一些典型题目,进行强化训练。题目的来源是:教师挑选一部分,再发动学生自己找一部分,共同组成训练题。这些题目,有的教师讲,有的学生讲,再进行分组讨论,直到弄懂为止。

第二阶段:进行综合套题训练,题目以历届全国中学生物理竞赛的初赛、复赛、决赛试题为主,再补充部分优秀试题。具体的训练方法是:先考试、批改,再将答案发下来讨论,再进行有针对性的讲评,此时可以让学生自己讲评,直到弄懂为止。这样做极大地调动了学生主动学习的积极性。

(4)暑假综合训练

每年暑假学校都要组织高一、高二两个年级的学生进行综合强化训练,时间 25 天,分两个阶段进行。

第一阶段:高一、高二分年级进行训练。此时高一年级以扩充知识面为主，高二年级以训练解题方法为主。

第二阶段：综合套题训练。由三位物理主教练每人精心挑选自己认为最好的题目组织四套题，共计 12 套题。先进行模拟考试，再阅卷评分，最后将答案发下来进行讨论，研究题目。从命题意图、考查知识点及思维方法、解题方法与技巧等方面进行认真的分析，使学生的分析能力得到锻炼，最后再由学生将讨论结果在全体学生面前进行交流，进一步提高学生的思维能力和解题能力。

2. 实验训练方法

高一学年以训练学生熟悉各种实验仪器的原理、使用方法，实验的目的、要求、原理及基本的操作方法为主。

高二学年以训练实验思想、方法与技巧，提高实验技能为主。

三、学生创新能力不断提高

(一)培养学生的自学能力

在竞赛培训过程中，学生参与教学的过程，主动学习知识，进行知识的再创造，这是培养创新人才的一条重要途径。在培训中如何培养学生的自学能力呢？我认为应从以下两个方面来考虑。

1. 增强学生自学的信心

学生在自学过程中往往会遇到困难和挫折。这时，教师应该运用情感效应，采取客观、积极、激励性的评价，不断增强学生的自学信心，使学生的自学活动向成功进一步靠近。当学生通过自学找到一个新的思路或好的方法时，教师要及时肯定并大力表扬；做对一道难题时，教师应鼓励说"真不简单，你还有更好的方法吗"；当学生遇到困难时，让他"再动动脑筋"。这样的评价不是对学生过多的指责，而是善意的引导，有助于增强学生自学的信心。

2. 教给学生自学的方法

学生由于受到知识层次和文化水平的影响，在自学活动过程中，往往带有很大的盲目性。自学活动费时费力，效果并不是很好。因此，教师在学生自学活动过程中，应让学生"有法可循"，教给学生正确、简明、合理的方法。

奥林匹克竞赛需要参赛选手具备良好的知识结构，奥林匹克竞赛知识涉及面宽，指导学生自学是奥林匹克竞赛活动重要的手段。对学生自学能力的培养，我们分以下三个阶段进行。

第一个阶段：传授知识，重视方法，夯实基础。

学生自学是在他们具有一定知识的基础上进行的。教师传授知识，学生学习知识是学生自学的前提。在辅导过程中，我们不仅传授知识，更重要的是传播学习方法，指导学生在学习和积累书本基础知识的同时，重视基础知识的内涵、外延及实践应用；提高学生的分析、归纳和应用能力，从而使教师的思维牵引力和学生的思维张力形成最有效的合力，进而提高学生自悟、自省、自学及创新能力，为学生自学打下坚实的基础。

第二个阶段：创设情境，引导自学，形成能力。

当学生的知识储备达到一定程度后，我们积极创设情境，引导学生自学。我们采取各种措施，提高学生的自学能力。例如，改变辅导形式，高一时采用"讲授—自学—测验—答疑"方式，高二时则多采用"自学—答疑—测验—评讲"方式；组成学生课外自学小组，开展活动，相互交流自学经验，相互提问答疑；组织学生自编、改编竞赛习题；经常开展"学生讲，教师听，大家一起讨论""好题评析"等活动。我们还安排学校往届冬令营选手与应届学生座谈，建立友谊，交流学习经验，指导实验，提高他们的自学能力。

第三个阶段：指导超前学习，形成研究性学习风气。

当学生具备了一定的自学能力后，教师就要果断地指导他们进行超前学习，并在学生间形成浓厚的研究性学习风气。学校实验班学生在高一结束时就已学完整个高中课程。他们带着对许多问题的好奇，又提前步入了大学教材的学习。在教师的指导下，自学完成大学的主要内容，超前学习形成了良好的学习氛围，并且同学间互相帮助，互相研究，交换学习资料，探讨辩论问题等，研究的学风越来越浓。

(二)培养学生的创造性思维能力

创造性思维是一种主动性、独特性思维方式。它能让人们突破习惯性思维方式的束缚，在解决问题的过程中，善于提出具有新意的观点、方法。那么，怎样才能更好地培养学生的创造性思维呢？我们应抓住以下几点。

1. 利用"一题多解""一题多变""一法多题"方法培养学生的创造性思维

一题多解，开阔思路。在培训过程中，教师经常采用一题多解的题目，鼓励学生多想、善思；引导学生在比较分析中增强探索性思考能力，通过对两个或两类事物进行比较，从而产生思维的悟性和灵感；应经常注意运用比较分析法，进行长期训练，从而形成思维的广泛联系。多方比较，培养深入探索的良好习惯和能力，让学生掌握"异中求同，同中求异"的基本方法，更好地发展迁移能力。这样既可启发他们的思维，优化思维方法，又可提高他们解题时的比较、综合能力。

一题多变，活跃思维。在培训过程中，从一个中心问题出发向多方向、多角度衍射，提出一些辐射状的系列问题，让学生讨论其各种可能性的正误，培养学生的创新思维，提高其思维的灵活性。教学中的一题多问、一题多叙、一空多填等类型的题目都有助于培养学生的创新思维，提高学生思维的变通能力。

一法多题，举一反三。许多习题是过程、规律和性质类似的问题，它们只有不同程度的量的差异而无质的区别。因此，在培训过程中，只要选好典型题，通过有的放矢的精解和适当的点拨、拓宽，就可以使学生不仅掌握一类题目的解法，而且熟悉一般的解题方法，进而明确只要抓住问题的实质、关键，积累正确的解题经验，就可以"以不变应万变"，达到举一反三、触类旁通的目的。在培训过程中，教师要对学生进行用一种方法解答多个问题的训练，有意识地培养学生归纳和综合应用的能力。

2. 引导学生敢于质疑，大胆发表自己的见解，培养学生的创造性思维

思维从问题开始。学必有疑，有疑才能深化思考。问题是学习的动力，是创造的前提。因此，在培训过程中，教师应多鼓励学生大胆质疑，引导学生讨论争辩，逐渐使学生养成乐于问、善于问的好习惯。在学生提问时，即使他们所提问题有失缜密，异想天开，教师也不要指责，要保护他们好问的积极性。另外，教师要提供给学生寻找问题的方向。问题一般在以下几个环节上去找：在知识的生长点上找；在知识的衔接点上找；在知识的"怎么样"上找；在知识的"为什么"上找；在知识的应用中找。

3. 借助信息技术，培养学生的创造性思维

现代信息技术的应用，使学生原先很难得到的直接经验，可以通过媒体作用取得，进而扩大学生的感知空间，以利于发展学生的想象力、观察力和创新思维能力。现代信息技术的运用使学生可以充分发挥各种感官动能，吸收广泛的信息；可以使学生享有广泛的信息资源，可以根据自己的需求自主选择信息；可以根据自己的学习水平自主选择学习方式和学习方法，体现自主学习的原则；突破了时空的限制，可重复教学过程，让学生通过直观经验去获取知识，认识世界，有效地构建自己的知识结构。

(三)培养学生的实验能力

物理、化学、生物是以实验为基础的科学。实验在竞赛中占有重要的地位，层次越高的竞赛，实验试题所占的分量越重，而且实验能力的提高和其他能力的提高是相辅相成的。我们在培养实验能力的过程中，从常规课堂教学做起，引导学生观察实验现象，巩固并加深对所学理论知识的理解；同时训练学生熟练掌握规范的基础实验的基本技能和基本方法，培养学生独立驾驭实验的能力，培养学生严谨的科学态度、良好的科学素养以及分析问题和解决问题的能力。

另外，我们还要求学生自行设计实验方案，选择实验器材，确定实

验步骤，分析实验结果。对实验过程中出现的安全性问题，学生掌握一些常见的应急措施和方法，做到处变不惊。设计性实验要求学生根据给出的实验仪器，按要求设计出实验的方法、步骤，并进行实验操作，最后得出实验结论；或只给出实验课题，自选仪器，自己设计实验方法与步骤，并进行实验操作，最后得出实验结论。这就要求学生具有较强的创造性思维能力、综合分析能力及实验技能与技巧。

设计性实验的核心是设计和选择实验方案，一般应遵循四条原则：一是正确性，即实验方案所依据的原理要正确；二是可靠性，即实验方案的实施要安全可靠；三是简便性，即在保证实验正常进行的前提下，便于操作与数据处理；四是精确性，即要尽可能选用精确度高的实验方案。

(四)培养学生的非智力因素

所谓非智力因素，即除智力以外的各种能力和品质，包括道德品质、心理素质、交际与合作能力、语言表达能力、身体运动能力、美学鉴赏能力等，其中许多属于人的情感素质，它们是一个人综合素质极为重要的组成部分。我国高级别的竞赛，如全国决赛和国家队选手选拔赛都非常重视参赛选手的非智力因素。在近几年集训队中，在确定选手时，除看他们的理论和实验成绩外，还考查了选手的体育素质，进行了面试及英语测试，让选手投票选出自己心目中的国家队选手，这些环节的目的主要是考查学生的非智力因素，并将其结果作为确定国家队成员的重要参考条件。

在竞赛培训过程中，我们还非常重视学生的思想品德教育。参加竞赛的学生思维活跃、成绩优秀，家长和教师对他们又特别宠爱。因此，有些学生易产生骄傲自满的情绪，以自我为中心，不关心他人。我们及时耐心教育，密切注意学生的思想动态，无论什么时候，都严格要求学生，引导学生正确看待名次，消除功利思想。教育学生要具备吃苦耐劳的精神，谦虚向上，热爱祖国的科技事业。学校学生大多数来自农村，困难学生很多，我们处处关心学生，及时解决他们生活上的困难。

在竞赛培训过程中，教师往往都非常重视学生的智力和成绩的提高，而忽视学生的非智力因素和习惯养成，不注重学生的全面发展。在培训过程中，我们一方面非常重视理论和实验的培训，另一方面采取各种措施全面提高学生素质。例如，要求学生坚持锻炼身体提高身体素质；进行小组学习，举行多种活动，培养交际合作能力；当小老师，举行演讲活动，培养学生语言表达能力；对学生进行挫折教育，提高学生心理承受能力等。我们的培养目标是促使学生素质全面、特长显著。

第五节 学术研究提升品位

在搞好教学工作的同时，我很注意认真总结教学中的经验教训，通过读书、写文章、学术研究、反思总结，将自己在教学中的感想和疑问撰写成文，与各位同行进行交流，既提高了自己的教学能力，又提升了自己的研究能力。

自 1985 年以来，我先后在《物理教学》《中学科技》《物理教学探讨》《中学物理教学参考》《中学物理》《中学物理报》《中国民族教育》上发表教学论文，共计百余篇。

教学科研成果的发表与传播，扩大了知名度，提升了自信心，使我有了更高的追求。我的教育教学能力有了跨越式的发展。

一、专业写作提升品位

回顾自己的成长历程，我认为，"专业写作"是我成功的重要因素之一。在现实中，不少教师对写作抱有种种误解，进而远离了写作。其实，写作对教师自身专业成长和职业幸福感的重要性是毋庸置疑的。教师要对写作有准确的认识：写作是教师成就自己的有效途径。

许多教师在写作时不善于思考和总结，其外在表现就是不善于专业写作。教师对专业写作的认知、热情和写作的水平的确不容乐观。客观上，教育主管部门和学校没有适时的引领和激励，也没有创设足够的有利于教师写作的氛围和条件；主观上，教师和领导的自身认识存在一定问题。一些教师有畏难情绪，总认为写文章是件苦差事，或认为工作忙，没时间等；而有的领导错误认为写作对工作帮助不大，写不写无所谓，甚至把专业写作和教师发展、学生成长对立起来。

我认为专业写作是实现教师专业发展最优化的路径。作为一名教师，除了教书、读书之外，专业写作也应是一种常态。因为，写作不仅是一种行为，而且是一种精神上的积极态势。许多大教育家之所以成就卓著，他们除了有丰富的实践经验、大量的阅读、深入的思考之外，更重要的是经年累月地笔耕不辍。可以这样说，他们也正因经常处于一种不间断的写作状态之中，教育实践才转化为教育思想，吸纳的教育智能才转化为教育艺术，个人的教育特色才转化为教育风格。

如果说反思是教育科研的本质，那么专业写作则的确是一名普通教师成长为名师的有效途径。无数优秀教师的成长已经证明了这一点。我坚信，更多正在成长的教师也将继续证明这一点。因为专业写作不仅仅是单纯的写作，它必然伴随着实践、阅读与思考。它与实践相随，与阅读同行，与思考为伴。实践是它的源泉，阅读是它的基础，思考是它的灵魂。阅读和实践滋养教师的底气，思考带来教师的灵气，而写作造就教师的名气。要想当名师，提高自己的知名度，就必须进行专业写作。

专业写作，表面看来只是教师随时随地把所思、所想、所感记录下来，而实质上是教师在书写自己的历史。专业写作，教师收获的不仅仅是文字，更多的是专业的发展、教育的智慧和教育的幸福。教师要想提升生命的价值，就不能轻视专业写作。要写得精彩，就要活得精彩，做得精彩。写是人生从此岸向彼岸的泅渡；写是生活晶体的析出。如果说"学而不思则罔"，那么思而不写则庸。一个人的智慧水平是靠外显的文字水平来评估的，人的外显文字数量一般都与人的智慧水平成正比。

我认为，教师的专业写作有以下两个特点。

第一，"专业性"，即"面向教育事实本身"的写作，应该把它看作自己教育生涯的一部分，整个过程应该是写作磨砺、专业发展、教育生命对话的过程。所以，我更提倡教师"面向教育事实本身"来记录自己的阅读、观察、行动和反思，通过这些来改进自己的教育观念和教育实践。

第二，"日常性"，即教师把写作当作自己的需要并养成习惯，通过每一天的写作点点滴滴地积累教育心得，而不是那些为了应付检查才写的计划、总结和论文。它原汁原味地保留着鲜活的气息，似心灵的泉水汩汩地流淌出来。作为一线教师，可以说每天都有或多或少，或深或浅而且又极其生动珍贵的特有实践和感受。上完一堂课，或看完一篇文章，抑或参加一次教研活动，甚至听同行、专家、领导的某一句话，都应该随时把自己的思考用笔记下来，否则，这些"活"的、"细小的"，或许有重大研究意义和价值的"思想材料"就会稍纵即逝，实在可惜。

实际上，写作是一个厚积薄发的过程。只有勤于拿起笔来积累，才会越积越厚；勤于拿起笔来思考，才能全身心贯注于文章的写作之中。拿起笔，虽然只是一个小小的动作，但这却促使写作者慢慢地去摒弃外在的浮华和自己内心的浮躁，同时也促使思维和情感迅速进入自由、灵动和生发的积极状态。

因此，教师的专业写作需要的既不是超人的智慧，也不是华丽的辞藻，而是坚强的毅力。思想和灵感是我们智慧的"火星儿"，不记录下来，它很快就会熄灭。而坚持记下来，则会让一颗"火星儿"点燃另一颗"火星儿"，慢慢形成燎原之势。"没时间""写不出来"，其实多为懒惰的遁词。治懒唯有用"逼"，因为成功大都与"逼"字有缘。虽然写作的最佳状态是追求文思泉涌，但是，有些时候"挤牙膏"也不失为一种写作方式。文思泉涌的状态，可能时而出现，但是却不能恒常保持。敢于"逼"，善于"逼"，我们才能超越自己。

(一)撰写教学论文

论文的撰写要贴近自己的教学实际，阐述的观点、角度要有新意，要有科学性和实用性。下面，我把如何写论文的体会写出来，供大家参考。

1. 选好论文的题目

论文是指系统地讨论或研究某个问题的文章。一线教师的教学研究，应该强调教学实践研究，而不是那种专业化程度很高的理论研究。要选择既科学、实用价值高，又有利于开展研究的问题。一线教师的教学任务本来就很繁重，可供自己支配的时间有限，选一些小题目写教学论文，是最切实可行的。在中小学教师里，一个普遍的现象就是感慨找不到可说的话题。这种现象是由于教师长期超负荷地工作，为各种事务所困，对各种问题缺乏敏感性，没有注意到自身研究的条件和优势，缺乏对日常教学活动的观察和思考，甚至熟视无睹，导致自己身边本来很有研究价值的问题悄然流失。

处处留心皆学问。只要教师处处留意身边的问题，关注身边的事情，就可以找到许多可以用于开展探讨的问题。我认为，对于教学一线的教师，课堂教学与课外辅导是问题产生的重要场所，我们要注意观察和思考日常教学工作，从中发现研究的问题。

学生提出的问题，有时就能成为论文的题目。学生的质疑，特别是学生提出的很尖锐、教师难以回答的问题，是我们进行教学研究、论文创作的原动力。我们知道，培养学生的问题意识和提出问题的能力，是促进学生认知发展的重要手段，也是教会学生学习的方法之一。这也是我们获得研究问题的重要渠道，只要你在课堂教学中，鼓励学生大胆的提出问题，大胆地猜想、大胆地怀疑，这样，学生就能帮我们不断找到要研究的问题，促使我们去学习、提高，这就是教学相长。我的多篇论文，就是通过学生提出问题，自己再去研究和同他人探讨，最后发表的。

在学科组教研活动中，教师感觉模棱两可、难以说清的问题，也可以作为我们论文的题目。在教研活动中，绝大多数教学问题的研讨，一般都能达成共识，但是，有时也会出现大家都感觉难以说清的问题，这就是我们要研究的问题。所以，日常教学中的教研活动，既是提高教学水平的一个重要手段，也是产生问题的重要途径。你如果想要提高自己的教学研究水平，写出具有一定质量的教学论文，那就应该认真参加教育活动，留意研讨过程中大家感觉模糊的问题。

专业杂志和网站上大家讨论和关心的问题，也是很好的论文素材。教师可以通过阅读专业杂志和网站上的内容，借鉴他人的成功经验，发现别人的不足之处，进行创造性的吸收，借鉴他人的真知灼见，发现尚未解决的问题，为自己的论文选题开辟新的渠道。例如，针对大家关心的问题，论述自己在教学实践、教学研究中的新观点、新见解、新方法，或针对别人论文中某个不正确的观点提出自己的看法与之商榷等。

2. 查阅资料和收集材料

选好研究的问题后，就要进行资料的查阅和收集。这项工作要靠平时的积累，从报纸、杂志中去摘取，从工具书中去查看，从大量的参考文献资料中去寻找，要尽可能了解别人的研究成果，了解其他人有没有相关的研究，有没有类似的研究论文已经发表。如果没有，那你就可以继续研究，必要时把大学的相关内容再学习一遍，不能理解的内容，要请教他人。如果引用他人的理论，必须在自己的论文中继续完善，这样才可以挖掘深刻。如果还要涉及教学实践的研究，例如，中学生物理学习心理与学习规律；新课程理念下的物理教学评价；在物理实验教学中培养学生的科学态度与科学方法；在物理教学中如何培养学生分析物理过程的能力；选择题的一些特殊解法；引领学生越过理解质能方程的误区等，必须要有翔实的教学实践过程材料，而不是想当然地杜撰，这就需要我们去做真正的实践研究。这一阶段，我们往往会出现强烈的知识"饥饿感"，感觉自己的知识和能力明显不足，某些论据还不够充分，某些经验上升不到理论高度等，从而促使我们进一步开展研究，加强学习，或查文献，或做实验，或进行研究调查等，从中获得更多的素材，使研究工作更趋完善。这是最能提高自己理论水平和科研能力的关键阶段，即使有时因为某种原因，不得不中断对问题的研究，但是，经历了这个过程，自己会有所提高。

3. 材料的组稿和修改

在积累资料的过程中，要精于思考，积累到一定程度时，要做整理和综述工作。这是一个非常重要的工作，一篇论文质量的高低，很大程度上取决于这一工作。组稿的过程，就是对材料进行加工的过程。在组稿时，往往会发现新问题，产生新的灵感，使表面的东西得以深化，零散的东西变为整体，孤立的东西变得互相联系。

我通常按照下面的步骤进行组稿。

第一，列出论文各部分的大小标题，再在每一个标题下较为详细地写出所要阐述的内容要点。初写论文者，应尽可能写得详细些，以便组稿时更为顺手，做到各部分结构严密，条理清晰，推论合乎逻辑，使查阅、研究过程中收集和积累下来的大量材料，组成一个较为清晰的有机整体，为自己的观点提供具有充分说服力的论据。

第二，验证每个证明材料的科学性。论文是科学研究的结晶，丧失了科学性，论文就不能称为论文了。因此，在写作中，提出论点后，运用材料进行推论时，应该充分注意证明材料是否科学、严谨，特别是物理等自然学科，任何夸大其词的表述都会严重降低论文的质量。

第三，确定论文的大致篇幅。论文的篇幅应该根据题目的大小，掌握资料的多少来定。一般来说，篇幅过短，难以把问题分析得深刻、透彻，但洋洋数万字的论文也不容易写好，很容易把论文变成资料的堆砌，杂乱无章。我认为，4000 字左右的论文最为恰当。

第四，写好的论文隔一段时间再进行推敲和修改。论文基本写好后，把稿子放一段时间，头脑冷一冷后，再用第三者的眼光，对文章"吹毛求疵"，要把自己放在找碴的位置上，"鸡蛋里挑骨头"，越"苛刻"越好，这样就容易发现问题。理科教师特别要注意结构格式是否规范，是否有错别字，标点符号是否正确，语句表述是否通顺等。当然，在论文的修改过程中，还可以请周围的教师或同行进行审阅，以征求更多的修改意见。俗话说：当局者迷，旁观者清。有些问题，论文撰写者难以察觉发现，旁人却很容易看出来。在请教别人修改指正时，抱着诚恳的态度虚心请教，别人才会以诚相待，提出修改意见。对于别人提出的意见，要认真考虑，寻求其合理性。好论文是磨来的。一篇高质量的论文就是在不断推敲、修改的基础上形成的。

在对待写作的问题上，教师要正确处理好写作和发表、写作和阅读、写作和工作的关系。只有这样，写作才有可能真正成为教师的一种工作方式和职业习惯。也只有这样，教师才能在服务学生的过程中不断成就自己。

总之，专业写作能够激发教师的职业热情，让教师享受到教育的幸福；专业写作能够激发教师的潜力和内驱力，让教师不再是被动的发展；专业写作能够有效改变教师的成长方式，让教师步入成长的快车道，有效实现教师的专业发展。

(二)撰写教学反思

1. 教学反思的基本方法

(1)自我提问法

自我提问法指教师对自己的教学进行自我观察、自我监控、自我调节、自我评价后提出一系列的问题，以促进自身反思能力提高的方法。这种方法适用于教学的全过程。如设计教学方案时，可自我提问："学生已有哪些生活经验和知识储备""怎样依据有关理论和学生实际设计易于为学生理解的教学方案""学生在接受新知识时会出现哪些情况""出现这些情况后如何处理"，等等。备课时，尽管教师会预备好各种不同的学习方案，但在实际教学中，还是会遇到一些意想不到的问题，如学生不能在计划时间内回答完问题，师生之间、生生之间出现理解分歧等。这时，教师要根据学生的反馈信息，思考"为什么会出现这样的问题，如何调整教学计划，怎样的策略与措施更有效"，从而顺着学生的思路组织教学，确保教学过程沿着最佳的轨道运行。教学后，教师可以这样自我提问："我的教学是有效的吗""教学中是否出现了令自己惊喜的亮点环节，这个亮点环节产生的原因是什么""哪些方面还可以进一步改进""我从中学会了什么"，等等。

(2)行动研究法

行动研究是提高教师教育教学能力的有效途径。例如，"合作讨论"

是新课程倡导的重要的学习理念，然而，在实际教学中，我们看到的往往是一种"形式化"的讨论。"如何使讨论有序又有效地展开"就是我们应该研究的问题。问题确定以后，我们就可以围绕这一问题广泛地收集有关的文献资料，在此基础上提出假设，制订出解决这一问题的行动方案，展开研究活动，并根据研究的实际需要对研究方案做出必要的调整，最后撰写出研究报告。这样，通过一系列的行动研究，不断反思，教师的教学能力和教学水平必将有很大的提高。

（3）教学诊断法

"课堂教学是一门遗憾的艺术"，而科学、有效的教学诊断可以帮助我们减少遗憾。教师不妨从教学问题的研究入手，挖掘隐藏在其背后的教学理念方面的种种问题。教师可以通过自我反省法或小组"头脑风暴"法，收集各种教学"病历"，然后归类分析，找出典型"病历"，对"病理"进行分析，重点讨论影响教学有效性的各种教学观念，最后提出解决问题的对策。

2. 教学反思需注意的问题

教师常常只注重备课、批改作业、了解学生、了解教学技法、把握检测等指标的落实上，不注重反思或仅局限于自身已有的经验，造成教学效率低下。因此，倡导并注重教学反思，改进教学工作，获得教学专业成长，在反思中学习教与学的方法，在教学实践中反思教与学的经验或教训，不断改进教学工作方式，实际是促进自身成长的最有效的途径。

教师的教学反思，可以从课堂教学事件入手，抓住成功或失败之处，思索自己的教育观念、教学行为与教学效果，从中找原因；可以结合所教学的内容，把大问题细化为几个小问题，从小问题中寻找关键的因素，加以研究并探索解决的办法。

教学反思绝不是一般的教学回顾，更不是教学检讨给别人听（看），教学反思是思维过程，是追问过程：我的教学存在哪些问题？急需解决的关键是什么？怎么进行尝试性解决？

教学反思的过程就是教学研究的过程，是教学研究的内容之一，是对教学所遭遇问题与困难的积极应对，所以对自己的灵感、设想的及时记录是关键，不要只想想，因为灵感稍纵即逝，之所以需写下来记载于教案上，不是应付检查，而是对自己研究的记录与提示。所以教学反思不要想完、写完就拉倒，教师应形成日看、周览、月结、期末归纳的习惯，这个过程就是教师的科研过程。把自己的困惑、思考、做法写下来，这就是教育随笔、教育叙事、教学课例；围绕课例与问题解决的个人研究过程与成果，就是教学论文。

教学反思的前提是自己的行动。光反思不改进，反思就无效；只反思不试验，反思的准确性、科学性就没有保障，说到底，反思的目的在于改进反思中发现的问题，在于实践反思中发现的经验——行动是反思的结果。

(三)撰写读后感

1. 写读后感的基本思路

(1)简述原文有关内容

简述原文有关内容，如所读书、文的篇名、作者、写作年代，以及原书或原文的内容概要。写这部分内容是为了交代感想从何而来，并为后文的议论做好铺垫。这部分一定要突出一个"简"字，绝不能大段大段地叙述所读书、文的具体内容，而是要简述与感想有直接关系的部分，略去与感想无关的东西。

(2)亮明基本观点

选择感受最深的一点，用一个简洁的句子明确表述出来。这样的句子可称为"观点句"。这个"观点句"表述的就是这篇文章的中心论点。"观点句"在文中的位置是灵活的，可以在篇首，也可以在篇中或篇末。初写时，最好采用开门见山的方法，把"观点句"写在篇首。

(3)围绕基本观点摆事实讲道理

这部分就是议论文的本论部分，是对基本观点的阐述，通过摆事实讲道理证明观点的正确性，使论点更加突出、更有说服力。这个过程应注意的是，所摆事实、所讲道理都必须紧紧围绕基本观点，为基本观点服务。

(4)围绕基本观点联系实际

一篇好的读后感应当有时代气息，有真情实感。要做到这一点，必须善于联系实际。这个"实际"可以是个人的思想、言行、经历，也可以是某种社会现象。联系实际时也应当注意紧紧围绕基本观点，为观点服务，而不能盲目联系、前后脱节。

以上四点是写读后感的基本思路，但是思路不是一成不变的，要善于灵活掌握。比如，简述原文一般在亮明观点前，但二者先后次序互换也是可以的。再者，如果在摆事实讲道理时所摆的事实就是社会现象或个人经历，就不必再写第四个部分了。

2. 写读后感应注意的问题

(1)要重视"读"

在"读"与"感"的关系中，"读"是"感"的前提和基础；"感"是"读"的延伸或者结果。先"读"而后"感"，不"读"则无"感"。因此，要写读后感首先要读懂原文，要准确把握原文的基本内容，正确理解原文的中心思想和关键语句的含义，深入体会作者的写作目的和文中表达的思想感情。

(2)要准确选择感受点

读完一本书或一篇文章，会有许多感想和体会；对同样一本书或一篇文章，不同的人从不同的角度思考问题，更是会产生不同的看法、受到不同的启迪。

一篇读后感，不能写出诸多的感想或体会，这就要加以选择。作为初学者，就要选择自己感受最深又觉得有话可说的一点来写，要注意把握分析问题的角度，注意联系自己的实际情况，从众多的头绪中选择最恰当的感受点，作为全文议论的中心。

二、课题研究提升能力

教师参加课题研究，阅读教学方面的著作，撰写有质量保证的教育教学论文，开设交流讲座等教育科学研究，对提高教师自身专业水平至关重要。我认为，教育科学研究的过程分为确定研究课题、根据研究课题选择研究方法、按照研究方法得出研究结果、交流研究结果付诸实际四个方面。

（一）确定研究课题

问题是教育科学研究的起点，确定一个课题是教育科学研究的重要内容。如何选择合理、科学的研究课题是教育科学研究的前提。好的研究课题应该具有重要性、实证性、关联性三个特点。重要性主要指人们都在研究的、与重要政策或实践有密切关联的、与人们持续研究的理论相关的课题。这样的课题研究成果能够融合到先前的知识中去，使科学知识得以累积，促进科学的发展。实证性的要求其实就是研究必须符合实际的基本要求，在具体的科学研究的过程中不一定所有的课题都适合进行观察研究。因此，在人类实践的基础上形成的逻辑推理和数学分析等策略也可以为科学理论提供实证支持。可以进行实证研究的课题就是能够利用观察、逻辑推理、数学分析来研究的课题。关联性是指课题涉及理论，或者由理论派生出来课题，或者课题能够支持或反驳理论，或者课题与教育环境有关联。

（二）根据研究课题选择研究方法

在教育科学研究中普遍采用的研究方法主要包括文献研究法、量化研究法与质性研究法三种。它们可以单独或者混合采用，因此衍生出第四种研究方法——混合研究法。文献研究法是在现存文献中获取研究所需要的主要信息，从中提出研究问题，探讨思想，形成自己的观点并从信息中为自己的观点找到证据，进行论证，解决问题。文献研究法一般用来研究理论问题，也可以用来研究实践问题。比如，皮库斯基就通过文献研究法来了解读写领域的课堂教学实践。量化研究是一种按照可重复的系统化的程序进行的研究，其关键在于可以用数字表达的方式来测量变量。研究之前要有先行的理论与假设，并通过研究得到的数据检验这些先行的理论与假设。教育科学研究常用的量化研究法主要包括真实实验法、类实验法、相关研究法、因果比较法、调查研究法。质性研究法是根据社会现象或事物所具有的属性以及在运动中的矛盾变化，从事物的内在规定性来研究事物的一种方法。教育科学研究常用的质性研究法包括观察、访谈、文献收集、开放式问卷、日志、投射技术、物品收集、有声思考等。

（三）按照研究方法得出研究结果

在教育科学研究中得出令人信服的结论需要遵循两个要求。一是在使用研究方法运用研究资料时采用严谨的、系统的、富有逻辑的、将理论与实证观察相结合的推理。二是使所依据的理论与所研究的问题相关联，同时使所观察到的现象与所研究的问题相关联，而要判定理论与观察是否与问题相关联也需要进行推理。但是这两个要求是教师研究的薄弱环节。因此，加强研究的逻辑推理是迅速提高教师研究水平的重要而有效的方式。

（四）交流研究结果付诸实际

教育科学研究具有与教育教学实际密切联系的性质，关于教育科学研究选题的重要性、实证性、关联性的要求，其实质上都指向教育的实际。因此，只有把交流研究结果付诸实际，通过教育教学实践的验证才能最终完成教育科学研究这项工作。研究结果的交流有各种各样的方式，如教研组研讨、公开课、校际研讨、学术报告会等直接交流方式，以及发表论文、出版著作等间接交流方式。

【案例】我的研究课题：物理讨论式教学活动课的拓展研究

（一）研究内容

物理教学中，针对一些难点问题，适时增加一些讨论式教学活动课是很有必要的。这样做，有利于学生深入了解物理现象、理解物理概念和规律、掌握物理公式的使用条件。同时，还可以通过讨论，消除学生头脑中片面的，甚至是错误的观念。那么，怎样才能开展好讨论式教学活动课的教学呢？为此，我们要进行专题分析与研究，总结出讨论式教学活动课教学的一般规律。研究的主要内容如下。

一是在教学规律层面上研究。在活动实施中，探究讨论式教学的内在规律，使讨论式教学更具有科学性、实用性和推广性。

二是在教学论层面上研究。在活动设计的结构方面，要有利于师生互动，特别是学生的参与，提高课堂教学的有效性。

三是在学习论层面上研究。研究活动设计与实施如何能有助于学生物理知识系统的形成，确保学生实现物理思维能力的提高。

（二）研究意义

1. 寻求一种兼顾物理考试且响应新课程改革要求的科学的物理教学方式

《基础教育课程改革纲要（试行）》把"改变课程过于注重知识传授的倾向，强调形成积极主动的学习态度，使获得基础知识与基本技能的过程同时成为学会学习和形成正确价值观的过程"作为改革的最重要的目标。而且，中考、高考是中学物理教学所不能回避的现实问题。把物理知识相关的实践活动引入我们的日常教学活动中，使它在培养学生能力等方面发挥功效，并帮助学校进一步提高学生的学业水平。

2. 研究为物理学科教育提供了知识延展、能力拓展和动力发展的新空间

讨论式教学活动课为学生提供了实践的机会。学生可以在活动之中思考、运用和探究物理知识。这对他们架构完整的物理知识体系有帮助，并引起他们对物理知识和其他学科知识联系的关注。在这些过程中，学生会进一步加深对所学知识的理解，了解所学物理知识的现实意义，并不断在头脑中生成新的知识和问题。

3. 研究有助于在物理课堂教学中发展学生个性和社会性

讨论式教学活动课中所设计的各项活动，使每个学生都有参与的机会。在这个过程中，个体活动培养和发展了学生的兴趣爱好，团队活动使学生学会合作，每个学生的个性与特长都有了提升的空间，增进对他

人、对学校的进一步了解，并在此基础上产生强烈的责任感。

（三）可行性分析

首先，本课题的研究内容意在响应教学改革和提高教学质量，既切合国家教育改革的要求，又符合学校的生存发展需要，可以得到学校领导和上层领导的大力支持，这使本课题研究具有了基本的可行性。

其次，从研究人员组成方面来说，本课题组成员是一个老、中、青教师结合团体。有特级教师1名，高级教师7名。其中，特级教师徐辉老师1995年参加湖北省物理课堂教学竞赛，荣获一等奖第一名；1996年参加全国第二届中学物理青年教师教学大赛，荣获二等奖；1999年开始担任物理竞赛主教练工作，取得优异成绩，所训练的学生中，有30多人获湖北赛区国家一等奖。彭晓春老师，2004年获湖北省高中物理探究式教学优质课竞赛一等奖；2008年获广州市中学物理优秀教学录像评比二等奖。黎丽娟老师，2010年辅导学生梁敏莉参加第25届广州市青少年科技创新大赛获广州市二等奖；2010年广州市多媒体教育软件评奖活动市三等奖。陈宏锋老师，在第25届广州市青少年科技创新大赛中，指导黎子荣同学获广州市三等奖；在第21届、第23届全国中学生物理竞赛中被评为肇庆市优秀指导教师。该课题组的成员，在优质课比赛和学生竞赛辅导方面硕果累累，有丰富的教学实践经验。在人力上，这为课题研究的进行提供了可行性。

最后，从课题开展的便利条件来说，本课题与日常教学关系密切，本课题组成员全部为一线教师，有足够的条件开展实验和研究。这使课题有了研究的现实条件。

（四）研究思路

1. 资料准备

分析国内活动式课堂教学研究与实践现状，以及实践活动在日常的物理教学中研究与应用现状等。

2. 付诸行动

把研究实施于实际教学活动中，由本课题的研究成员和学生共同合作，针对实际问题对这一教学方式制订改进计划，通过在实践中实施、验证、修正而得到研究结果。这一阶段的研究主要应用在本校实验班的教学中。

3. 研究评价

在一个阶段的具体研究开展实施后，依据明确的目标，按照一定的标准，采用科学的方法，对评价对象的功能、品质、属性进行量化，并对量化结果做出价值性的判断，主要应用于对本校实验班的讨论式教学活动课的教学效果和几项与活动有关的学生能力的评价。

4. 研究总结

本研究组的成员在研究实践过程中，凭借自身的洞察力在与学生的互动中理解和解释研究的含义和意义。在整个研究过程中，研究组成员以多种方法收集资料，使用归纳法分析资料，并从效益的角度综合评价讨论式教学活动课教学应用的绩效，最终形成讨论式教学活动课教学的理论。

（五）预期成果

序号	阶段成果名称	阶段成果形式
1	确定研究课题和子课题；制订研究计划	开题报告
2	讨论式教学活动课的相关活动分析和实践；研究活动设计的一般结构；探究活动在教学中设置的一般规律；研究活动设计与实施如何有助于学生物理知识形成系统	调查报告、论文
3	根据前一个阶段研究的结果，在本校部分班级开展教学实践研究	调查报告、论文
4	检测研究实验的应用绩效；根据绩效评估结果，分析研究对象的可操作性和效果；对讨论式教学活动课的教学进行一般模式的总结	论文、结题报告

（六）效益分析

本课题主要研究如何把与物理知识相关的实践活动恰当地引入日常物理课堂教学中，立足于物理学科教育，系统探索讨论式教学活动课的教学模式。研究具体从教学规律、教学论层面和学习论层面进行。在实施研究的过程中，分析其教育绩效，以探求一种适应新形势的物理教学方式，提升物理教学质量，促进广州物理教学教育的改革与和谐发展。

（七）应用

本课题的成果可普遍应用于一般的中学物理课堂教学中，具有可推广性。

三、参访学习开阔视野

（一）2014 年山东考察学习有感：开阔思维视野、引领专业发展

1. 学习考察行程

7 月 20 日是来山东济南真正开始学习的第一天，早上 7 点开始直到晚上 6 点，内容丰富，收获颇多。

上午由山东师范大学曾继耘教授给我们做报告，曾教授以"教育课题研究的价值与策略"为题，从"为何研究课题""如何设计研究课题"和"如何开展课题研究"三个方面深入浅出地讲解了课题研究的价值与策略，很实用，很有学习价值，使我们受益匪浅。

午饭后几乎没有休息，于 13：14 我们就前往山东大学附属中学进行观摩学习，第一节七年级语文课，课程名称是"伟大的失败"，教师几乎没有讲解，而是引导学生去发现问题、解决问题，整节课的所有问题都是学生争先恐后地去寻找的，并回答一个个问题。我感到，这种课堂应该是以问题为主的"问题式教学模式"，课堂上充分调动学生参与学习的积极性，这种课堂培养了学生的学习兴趣、有利于提升学生的语文素养，听后深受启发。第二节课是七年级数学课，内容是"等可能事件的概率"。教师从实例入手，通过引导让学生直观感知到概念、公式的归纳方法，之后进行应用举例，教学中利用对比的方法将所学内容与上节内容进行比较，使学生领悟概念的本质内涵。教师教学中大量使用学生分析、回答问题获得结论的方式，同样是问题导学式的教学方法。两节

课的共同点是坚持学生学习的主体地位，注重学生自身的发展，实施素质教育。

下午，山东大学附属中学赵勇校长给我们介绍了该校的基本情况，从教育的情怀、教育的追求、教育观、办学理念、管理理念、课程理念、教学理念、教育科研理念、家长观等方面全面地介绍了该校的情况，观点新颖，给我们留下许多思考。

21日我们怀着向往的心情，7：00便驱车前往山东课改名校泰安市实验学校，9：00到达学校。10：00分成三批，分别听了幼儿园、小学、初中的课，其中初中是历史课、物理课。在八年级三班，我们听了该校刘光伟老师的物理课，课程内容是"功率"。刘老师给我们展示了一节常规课，课型模式使听课的教师有耳目一新的感觉。

下午，程和方校长做了"建构促进学生积极思维的课堂"的报告，系统地展示了该校"思维碰撞课堂"的教学改革思路和实践的四个阶段，对大家启发很大。随后，广州代表王守亮老师做了"执着成就梦想"的发言，分享了自己的专业成长历程，雷晓晖老师做了"漫谈教师专业成长及团队建设"的发言。思维碰撞产生了良好的互动效果，参与活动的教师感觉收获很大。

23日上午，我们去青岛第三十九中学(中国海洋大学附属中学)考察。

青岛第三十九中学(中国海洋大学附属中学)是青岛市教育局直属的两所全日制完全中学之一；有教学班50个(初中36个、高中14个)，学生2600余人；有山东省特级教师3人，省市优秀教师、教学能手31人，青年教师优秀专业人才33人。

青岛第三十九中学(中国海洋大学附属中学)副校长于德生、办公室副主任杨莉、教务处副主任朱秀海等领导热情接待了我们。

于德生副校长向我们详细介绍了学校的历史沿革、现状特点。朱秀海副主任向我们介绍了学校近几年海洋特色教育的发展情况。付力金老师和刘晶老师分别介绍了学校教科研工作及学校艺术特色的开展情况。

作为中国海洋大学的附属中学，学校大力开展蓝色海洋特色教育，实施与大学联合育人的人才培养方式，创办了青岛市首个海洋教育创新人才培养班，被国家海洋局授予全国首个海洋意识宣传教育基地。学校制定了"基础性课程、拓展性课程、实践性课程"三位一体的海洋校本课程体系，聘请了40名海洋教育和科研专家作为特聘教师，以海洋科普讲座、实践考察和课题研究为载体，激发学生兴趣，开阔学生视野，培养学生的实践能力和创新精神。

学校被授予"山东省艺术教育示范校"，被誉为"表演艺术家的摇篮"。学校的"合唱团""民乐团""管乐团""舞蹈团""表演团""军乐团"六大艺术社团均在山东省及全国的中学生艺术大赛中获得大奖，由该校学生和校友联合拍摄的电影《十五岁的笑脸》被山东省委宣传部作为优秀作品推荐参加中宣部的"五个一"工程奖的评选。

学校拓宽发展渠道，加强国际教育交流与合作。学校每年为师生提供相互交流学习的机会，为师生发展拓展空间，先后与澳大利亚、英国、韩国、德国、新加坡、新西兰、美国、日本等国的多所学校建立了友好关系并成功进行师生互访。

23日下午，我们一行人参观考察了北京师范大学青岛附属学校。学校热情接待了我们，安排了四个高质量的讲座：王香兰老师的"生活作文化，作文生活化"、范丽娟老师的"'和文化，之数学好玩"、焦阳老师的"基础教育国际化"、李玲校长的"文化引领，内涵发展"。

李玲校长的报告十分精彩，她从四个方面谈了学校文化建设：学校，因"和"而立；课程，缘"和"而美；学生，依"和"而成长；团队，迎"和"而进。李玲校长谈到了几个很有见地的观点：文化就是一群人做事的习惯；有学生的地方就有教育；学生的需求就是教育的行动；把每一件小事都做出教育的味道。

24日上午，我们来到了宋道晔老师的工作室。宋道晔工作室是山东省教育厅和青岛市教育局一致推荐的品牌名师工作室。果然不负盛名，宋老师及其团队成员展示的不仅仅是工作室的种种建设，感动和震撼之余，更多的是思考和感慨：宋老师拥有的不仅是教育情怀、教育责任，还有更多无法用语言来表达的东西。她与其说是用心在做教育，不如说是用生命在激扬教育。

宋老师及其团队成员介绍了其工作室建设的整个体系。严谨、扎实，植根于教学第一线，情系一线教师的成长，这是工作室持续发展，充满活力和富有生命力的根源，也是值得我们广州市同行借鉴的地方。

教育是个系统工程，不仅是教师的个人奋斗，也不应是以教师个人的清贫和透支为荣，教师需要各方面的支撑。宋老师工作室的打造离不开宋老师超乎常人的坚持、坚忍，离不开她孜孜不倦的努力探索，也离不开各方面的大力支持：李沧区的青年教师阳光、上进，李沧区各小学大力的支持和协助，李沧区各级部门的政策和经费的支持……

成功从来就是光顾有准备的人，宋老师的专业成长过程就在于在淡泊中坚持再坚持，在平凡中提升再提升，比别人多了一份守候的耐心。

最令人感慨的是，宋老师的生命成长已经和她的专业发展融为一体，你可以说教育是他们的"命根"，因为他们是用生命激扬教育的人。

2. 思考感悟

（1）关于特色课程的思考

一是学校特色课程建设的指导思想。学校特色课程应着眼于促进学生兴趣、需要和特长的个性化发展，着眼于促进学生当前和未来生活质量的提高，着眼于促进社会的进步和可持续发展，结合学校的具体特点和传统优势，开发并合理利用校内外各种课程资源，整体优化课程资源和课程实施过程，构建社会化与个性化相统一、基础性与发展性相统一、科学精神与人文精神相统一、适应学生个性发展与潜能开发的校本课程开发体系和运行机制，真正实现"以学生发展为本"的课改理念，充分体现师生的自主性和创造性，促进每一个学生富有个性的发展。

二是学校课程建设的目标。总目标：尊重个性差异，促进全面发展，优化办学特色，提高办学品位。具体目标主要表现在以下三个方面。

学生发展目标：激励和促进学生正确认识自我，选择个性潜能发展的独特领域和生长点，进一步拓展知识领域，主动学习，发展批判思维能力、创新精神和实践能力，在全面发展的基础上，培养和发挥个性特长。

教师发展目标：调动教师的积极性和创造性，促进教师更新教育观念，增强教师课程意识，提高课程开发能力，发挥个性特长，促进教师专业发展，提高教师队伍整体水平。

学校发展目标：在扎实、稳步推进的基础上开发出具有本校特色的校本课程，整理、开发出一批校本课程的教学成果，逐步总结提炼出校本课程的开发实施与管理评价机制，从而推进学校素质教育的开展，促进学校教学文化建设，促进学校办学特色的形成。

三是加强各类课程的校本化实施策略研究，积极推进学科分层教学改革。

四是积极开发多样化的校本课程，促进学校教育的多元化发展。

五是优化学校课程评价机制，促进学校教育评价的不断完善。应积极推行"立足过程，促进发展"的多元化课程评价，以课程评价的多元化来推进教学目标的多元化。彰显师生在评价过程中的主体地位，强调参与和互动，自评与他评结合，实现评价主体多元化。关注过程，将终结性和形成性评价相结合，实现评价重心由过分关注结果逐步转向对过程的关注。注重评价方法手段的更新，运用现代信息技术，加强对师生的教育教学管理，包括教学记录与评价系统、教学情况考评系统、学生素质测评系统等，不断提高学校管理的信息化程度。

(2)关于北京师范大学青岛附属学校"和"文化的思考

"和"是中华文化之精髓，儒家思想之根本。《礼记》云："和也者，天下之达道也。致中和，天地位焉，万物育焉。"中和是儒家圣人追求的至高境界。而此最高精神又有若干理念作为支撑："天时不如地利，地利不如人和"乃其人本观；"父子笃，兄弟睦，夫妇和，家之肥也"乃其伦常观；"发号出令而民悦，谓之和"乃其施政观；"九族既睦""协和万邦"乃其家国观；"乐者，天地之和也""和故百物皆化"乃其教化观；"礼之用，和为贵"乃其礼仪观；"君子和而不同"乃其交际观；"天人合一"乃其宇宙观。

"和"本意为"唱和"，形容合作默契无间。《周易》有云："二人同心，其利断金；同心之言，其臭如兰。"推而广之，家国天下皆当以和为旨归。今日中国，倡导和谐。

北京师范大学青岛附属学校秉承华夏文化传统，承儒家经典"君子和而不同"的理念，引现代美文《我、铃儿、小鸟》之词句，立"大家不同、大家都好"为铭训，希望全校师生"和谐以共生共长，不同以相辅相成"。千载齐鲁文化，百年木铎金声，旧学新知，融会贯通。此乃"天之和"。滚滚黄海，汤汤白沙，日月星辰，潜行于斯。师徒授受，此乐何极！此乃"地之和"。授业者兼容并蓄，宽厚宏大；从学者勤勉虚心，博学笃行。此乃"人之和"。授业者，当以传道为首；从学者，当以尊师为重。师生和谐，穆穆雍雍。此乃"行之和"。桃李虽不同，然古人合喻为"弟子"，后则有桃李天下之说；"我、铃儿、小鸟"亦不同，然"大家不同、大家都好"，后则有铭训。此乃"文之和"。北京师范大学青岛附属学校"和"文化融古今典籍之精髓，是为深厚蕴藉。

（3）参观宋道晔特色名师工作室的启示

一是信念与情感、智慧的联系。打造优良的工作室需要打造团队精神，宋道晔老师的工作室把情感、智慧作为团队精神的核心，并以课题引领为核心来激发情感，唤醒智慧，推动工作室带着信念前行。

二是信念与积累、需求的联系。宋道晔老师工作室一个重要的理念就是"要看得起自己"，其核心就是要有自己的"内容"，即工作室的成员必须有自己的积累，在教学研究上有自己的思考时间，有自己需要考虑的实际问题，从而获得更切实的感悟，获得在教学意义上的发现。

三是信念与过程、认识的联系。建设优秀的工作室除了主持人的积极追求外，还必须带领工作室成员享受充满阳光的过程，让每一位成员出彩，增强对教学与研究的理解。宋道晔工作室通过建立研修社区来引领工作室成员的发展方向，把研修与个人发展紧密结合起来，既推动了工作室的发展，也促进了全员教育科研质量的提高。

(二)台湾学校的社团活动对我们的启示

2015年6月21日至30日，广东省教师工作室主持人一行36人，在华南师范大学基础教育培训与研究院黄牧航副院长和张燕玲主任的带领下，赴台湾地区进行教育研修参访，一共参访了一所大学和十所中小学，听了三场高质量的报告。

行前，华南师范大学基础教育培训与研究院黄牧航副院长为我们做了一场精彩的报告，将我们的参访定位为"教育之旅、文化之旅、交流之旅、友谊之旅"。

台湾之行给我印象最深的是，所到的每一所学校，社团活动都十分丰富多彩。

1. 学校的社团活动全面开展

社团活动，不论是大学、中小学都全面开展、计划周全、组织有序、特色鲜明、效果显著。

(1)台湾佛光大学的围棋社

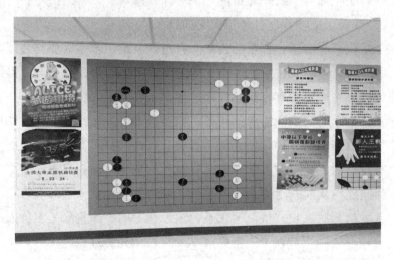

（2）台湾佛光大学的木工制作社

（3）小学生的话剧表演

（4）小学生的茶艺表演

（5）小学的读书社

(6)中学生的服装社

2. 社团活动对我们的启示

　　学校教育的开展以学生全面而有个性的发展为基础，为丰富学生校园生活，适应素质教育的要求，提高学生综合素质能力，挖掘学生的创新意识，提升学生的动手实践能力，进一步提高学校教育教学的综合实力，广州市南沙第一中学从 2014 年 9 月开始，在每周三下午 3：00—5：00 开展社团活动。社团活动属于综合实践活动，计算课时和学分，记入学生学籍档案，记入学生学分认定。

　　社团活动管理机构归学校学生发展中心。学校制定社团管理制度，定期召开社团工作会议，做好社团活动开展的规划。每个社团制定社团章程，明确社团性质、意义、成员的权利与义务、活动准则等。每学期每个社团都要制订社团活动计划，每次活动社团要做好活动记录，每学期有社团活动总结，使社团活动和管理做到规范化。

目前，学校有"南沙历史研究协会""船模设计与制作协会""海洋科普协会""水手结手工组"等各类社团 45 个，涵盖科技类、体艺类、文学类、手工类等，社团的组织形式主要有三种：教师组团、学生组团、校外合作办团。每个社团有本校指导教师 1 名。社团设社长、秘书长等，负责社团的日常管理和活动开展。在社团活动方面，我们基本做到学生可以自主选择自己喜欢的社团。

在第二届科技节活动中，由社团承办的竞赛活动有 20 多项，如船模比赛、航模比赛、四驱车比赛、理化生创意实验展示、木工作品制作比赛、现场插花比赛等，学生踊跃参与，比赛精彩，深受欢迎。特别是社团金点子游园活动首次亮相，活动现场热烈，游园活动义卖收入的 80% 作为社团经费，20% 交共青团委作为学校贫困学生资助经费。

社团活动开展以来，成效显著。截至 2014 年 9 月，学生参加科技创新等比赛已经获得 10 余项市级以上奖励，在市级以上比赛中获得一等奖和金奖。如我校江海燕老师、冯洁卿老师、高碧桃老师指导的学生陈继煌、黄儒获得第三届广东省创意机器人大赛智能交通基础组一等奖；李志锋同学的发明作品"改进型电阻锁"获得第 30 届广东省青少年科技创新大赛一等奖；航拍社团的"改进型航拍飞机"获得第四届广州市青少年科技创意与发明大赛一等奖；等等。我校李志锋、黎伟锋同学成为《广东科技报》的封面人物。

我们必须尊重每个学生的个性，发现他们天赋潜能中的亮点，真正做到使学生参加一个社团，培养一种兴趣，学会一门知识，练就一门技能，体会一份成功，奠基一种人生，助力他们圆梦未来。要让形式多样的社团活动成为广州市南沙第一中学校园生活中一道亮丽的风景线。

第四章

引 领

第一节 引领青年教师成长

我是从参加各级各类物理教学竞赛中得到锻炼才成长起来的。因此，在培养青年教师时，我积极创造条件，组织青年教师参加各级各类物理教学竞赛。

一、引领湖北省黄冈中学青年教师成长

从 2000 年起，我开始担任黄冈中学物理教研组组长，承担起培养青年教师的责任，我始终关注青年教师的成长：在日常教学中通过集体备课指导青年教师；经常组织青年教师进行听课、评课活动，随时接受青年教师的听课，并对其进行指导；课后经常与他们谈心，交流心得体会，指导他们走出困境，在教育教学的海洋中顺利扬帆远航；还创造机会让他们参加各级各类的教学竞赛。全国青年教师课堂教学竞赛和全国青年教师课堂教学录像课竞赛都是每两年举办一次，交替进行。这样每年都有一次全国性的青年教师教学大赛。通过县、市、省层层选拔，最后，每个省只有两名教师有机会参加全国性的青年教师教学大赛。因此，我每年选派一名青年教师参加全国青年教师课堂教学竞赛或全国青年教师课堂教学录像课竞赛的选拔。

每当有青年教师参加比赛时，我会组织物理组全体教师为他出谋划策，从选课题、备课、实验设计、试讲、录像等各个环节进行研讨，反复磨课，直到打造出一堂精品的物理课。这些青年教师通过这种磨炼，教学水平大幅提高，在参加的教学比赛中取得了优异成绩。

从 2000 年到 2010 年，先后有李彩霞、刘凤霞、龚正波、徐仁华、程志攀、干海涛、方红梅、陈剑、沈田、岑栋、罗赛 11 位老师参加黄冈市青年教师课堂教学竞赛或课堂教学录像课竞赛，都获得了黄冈市一等奖，并代表黄冈市参加湖北省青年教师课堂教学竞赛或课堂教学录像课竞赛，都获得了湖北省一等奖。其中，龚正波代表湖北省参加全国青

年教师课堂教学录像课竞赛，获得全国一等奖；李彩霞代表湖北省参加全国青年教师课堂教学录像课竞赛，获得全国二等奖。

二、引领广州市南沙第一中学青年教师成长

2011年，我来到广州市南沙第一中学，指导青年教师陈宏锋、李子根参加广州市南沙区青年教师教学比赛，获得一等奖；指导青年教师邓燕红、于培翠、李子根参加广州市青年教师综合素质比赛，获得二等奖。

这些青年教师通过参加教学比赛，既磨炼了意志，又提高了教研能力，更重要的是开阔了眼界，增强了信心，有了更高的人生追求。

第二节　引领骨干教师成长

为进一步发挥名师的广泛辐射作用，培养和造就一批高素质的教师专业人才，进而带动中小学教师队伍整体素质的提高，广东省教育厅成立广东省教师工作室、广州市教育局成立广州市特级教师工作室、南沙区成立广州市南沙区名师工作室，我有幸成为三个工作室（广东省徐辉教师工作室、广州市徐辉特级教师工作室、广州市南沙徐辉名师工作室，统称为徐辉名师工作室）的主持人。

徐辉名师工作室章程

（一）指导思想

坚持以科学发展观为指导，以名师工作室为阵地，充分发挥名师工作室中名师的专业引领、示范指导及宽广辐射作用。利用思维导图及其相关知识转变教师教学观，从科学的角度提高课堂教学的有效性，尤其是提高探究性教学的实效，加速广东省物理教师的专业发展，更新教师教书育人的理念，提高教师教书育人的水平，打造一支学为人师、行为世范、引领全省物理学科教师快速成长、科学发展的高素质名师工作团队，为促进全省骨干教师队伍建设、提升中小学教师队伍整体水平、推

动广东省教育健康发展、办人民满意的教育添砖加瓦！

（二）名师工作室的性质与组成

1. 性质

徐辉名师工作室，是在广东省教育厅、广州市教育局、南沙区教育局领导下及南沙区教育发展中心指导下，以物理特级教师徐辉的姓名及其专业特色命名的非行政性工作机构，是由全区物理学科领域学科带头人及骨干教师共同组成的、组织开展物理学科教研活动的工作团队，是探究物理学科教学规律和学生学习规律、改进物理教育教学方法、提高物理教育教学工作效率的教师合作共同体。

徐辉名师工作室以名师为引领，以学科为纽带，以先进的教育思想为指导，旨在搭建我区校际物理学科及我区与外地先进地区物理学科教研、学术交流的平台，组织开展物理学科教学工作研究和工作指导，对有潜质的青年教师进行集中指导培训，从而探究实施塑造名师的方法和途径，带动更多的教师有机会成长为名师。

2. 组成

（1）工作室负责人

徐辉。

（2）工作室成员

彭晓春、李洁、陈国辉、李良慧、邬小伟、陈宏锋、黎丽娟、张颖康、潘素平、李永驰、于培翠、邓燕红、罗少芬、陆奋立、李子根、郭均妹。

（三）阵地建设

徐辉名师工作室建在首席名师徐辉所在单位——广州市南沙第一中学。学校校长高度重视：为工作室配备了20多平方米的专用工作场所，根据需要提供了必要的书橱、桌椅等；保证了基础的水、电和网络设施的建设；提供了工作所需的台式电脑、手提电脑、扫描仪、摄像机等办公设备。

（四）名师工作室的职责任务

1. 培养、培训优秀教师

首席名师是工作室的负责人，是其他工作室成员的导师与密切伙伴，负责制订工作室工作方案和成员培养方案（包括培训目标、培训内容、培训形式、研究专题、培训考核等），指导和帮助工作室成员在工作周期内达到培养目标。每年年初制订书面计划，学年末进行全面总结。每学期至少对区教育发展中心上报或与物理教研员一起交流一次工作开展情况。

（1）工作室的基础培养目标

工作室成员在广州市南沙区优秀教师成长梯队中（区、市骨干，区、市学科带头人或教坛新星）相应提升一级或成为在某一方面学有专长、术有专攻的知名教师。

（2）工作室的提高培养目标

通过工作室的努力，培养一批成熟的青年教师，让他们在课题的引领下，学会学习、学会思考、学会研究、提高教学与科研能力。

2. 开展课题研究

名师工作室以教育工作实际为基础，以工作室成员集体智慧为依托，以课题研究为载体，以课堂教学为主阵地，针对物理教育教学实践中师德师风建设，物理教师专业成长的方法途径，素质教育实施过程中的重点、难点问题，物理学科教育评价体系的建立与完善，初高中物理教学衔接等重要基础性课题进行专题研究，产生一批教学实例，探索一些教学规律，收获一些研究成果。工作周期（三年）内至少要完成一个省级以上重点研究课题并取得相应成果，撰写出一定数量的高质量论文或专著，促进学科教学的理论建设。

3. 推广教育教学成果

名师工作室的教育教学研究成果以论文、专著、讲座、公开课、研讨会、报告会、名师论坛、专题纪录片、现场指导、观摩考察等形式在全区范围内介绍、推广。工作周期内，名师工作室成员开设一定数量的区级以上公开课、培训讲座或教学论坛（报告会、研讨会）；定期组织工作室成员到麒麟中学等学校送教，并与麒麟中学结对帮教。在南沙第一中学设立物理名师教学实践基地、教育科研基地。

4. 开发、整合教育教学优质资源

结合新课程实施，根据物理学科特点和工作室目标系统地建立教育教学资源库。建立自己的特色网站，使之成为工作动态发布、成果辐射推广和资源生成整合的中心，通过互动交流，实现优质教育教学资源的共享。具体操作如下。

①每月举行一次工作室成员工作例会，组织所有成员认真学习，提高理论素养，并有学习研讨交流记录。每次活动时间一般不得少于2小时。

先进的理论是教学和科研的先导。没有先进的理论指导，一切教学和科研都将是无本之木。阅读和学习是提高自身的需要，也是自我进修的有效途径。要想提高自身的理论功底、更新教学观念、更新知识，唯有不断学习。因此，要加强学习，不断提高自身和工作室成员的理论修养，始终占领理论"制高点"。工作室将认真组织所有成员，采取集中学习和分散自学相结合的形式，加强理论学习，学习教育教学理论书籍，学习新课程理论专著，不断提高成员的理论修养；并寻求合适的时机，采取"走出去、请进来"的方式，聆听专家学者的授课和讲座，为工作室成员的成长打下坚实的理论功底。

②狠抓课堂教学，努力形成风格。立足课堂，积极探索有效课堂教学。工作室所有成员将陆续深入成员所在的每一所学校和教研组，不断深入课堂，通过听课、评课等途径，为教育教学研究取得第一手资料。工作室成员通过自己开课、到兄弟学校借班上课、送课到农村学校、开设讲座等形式和活动，相互学习，提高教学水平。工作室帮助成员在教学风格和特色上下功夫，让每位成员具有高品位的教育教学艺术，能够按照教育规律和学生的心理规律，智慧地、艺术地教育学生，灵活地、有技巧地驾驭课堂教学，进而形成自己的教学风格和教学思想。

③每月安排一个固定时间在徐辉名师工作室网站接受全区教师的访问和咨询。

④建好徐辉名师工作室网站和学员档案并争创优秀名师工作室。

⑤工作室全体成员积极参加区教育局或区教育发展中心开展的各项教育科研活动，并能负责完成相应的工作任务。

（五）保障条件

广东省教育厅、广州市教育局、广州市南沙区教育局、南沙区教育发展中心的正确领导和高度重视。

广州市南沙第一中学校长的大力支持。

政策支撑。工作室每年预算经费：广东省教育厅2万元、广州市教育局2万元、广州市南沙区教育局3万元、广州市南沙第一中学2万元。工作室所有经费按要求均划入负责人所在单位，专款专用，由所在单位根据经费使用范围和财务制度有关规定进行监督管理。

建立徐辉名师工作室网站。

（六）工作室规章制度

为了不断提高工作室成员专业发展的可持续性，根据教师专业成长与发展的规律和工作室成员认定条件，结合南沙区物理教师专业发展的实际需要，制定如下规章制度。

1. 工作宗旨

以名师为专业引领，以相互合作为方式，以课题研究为载体，促进中青年教师的健康快速成长，为造就名师奠基。

2. 遵循原则

在南沙区教育局、南沙第一中学的领导下独立自主地开展工作，接受南沙区教育局的评估和考核。

3. 负责人职责

①制订徐辉名师工作室方案。

②确定工作室教育教学研究项目，撰写课题研究方案。

③制订工作室成员培养考核方案，负责对成员的评估考核。

④帮助成员制订个人一个工作周期（三年）的发展计划并督促其完成。

⑤完成教育局安排的教育教学和科研培训任务。

⑥建立徐辉名师工作室网站。

⑦每学期开展一次区级以上教师培训讲座（或报告会、研讨会）。

⑧在一个工作周期内，在省级及以上刊物发表论文三篇以上。

⑨组织领导工作室成员开展各类培训和研究活动；每学期听工作室成员的课不少于十节。

⑩及时总结，撰写好工作报告。

4. 成员条件

①热爱教育事业，热爱物理学教学，有强烈的教科研意识。

②具有一定的现代教育理论基础和比较扎实的物理专业功底。

③具有一定的信息素养和熟练运用现代信息技术的能力。

④具有合作精神和交往能力，工作的责任心强。

5. 成员职责

①制订三年个人成长发展目标和具体的实施计划。

②每人每学年至少阅读一本理论专著，撰写学习心得不少于5000字。

③每人每学年公开课教学不少于两节，相互之间听课每学年不少于十节。

④每人每学年至少有一篇论文在市级以上报刊上发表。

⑤完成工作室规定的学习和研究任务。

⑥做好个人专业成长记录，及时撰写阶段性发展总结。

6. 附则

工作室成员未能通过考核即按教育局要求进行调整；成员申请退出工作室需经负责人报请教育局审批同意；本规程报请教育局批准后实施。

一、组建广州市南沙区徐辉名师工作室促进物理学科发展

(一)组建广州市南沙区徐辉名师工作室

2011 年组建广州市南沙区徐辉名师工作室，它是在区教育局领导

下、区教育发展中心指导下，以物理特级教师徐辉的姓名及其专业特色命名的非行政性工作机构，是由全区物理学科领域学科带头人及骨干教师共同组成的、组织开展物理学科教研活动的工作团队，是探究物理学科教学规律和学生学习规律、改进物理教育教学方法、提高物理教育教学工作效率的教师合作共同体。

(二)广州市南沙区徐辉名师工作室成果显著

广州市南沙区徐辉名师工作室带领工作室教师和物理学科教师进行教学科研，共同研究、共同提高、共同进步。下文主要介绍工作室带领广州市南沙第一中学(高中部)物理科组进行教学科研取得的成果。广州市南沙第一中学(高中部)物理科组是一个有经验、有冲劲、有能力的团队。近年来物理科组多次获得荣获称号，2008年、2012年两次获广州市优秀科组称号；2012年在广东省普通高中物理示范教研组展示交流活动中荣获"二等奖"；2012年、2014年被评为南沙区优秀科组；2014年被评为广州教师幸福团队。

1. 物理科组的基本情况

2011 年 3 月，我加入广州市南沙第一中学（高中部）物理科组。该组由 13 位任课教师和 2 位实验员组成，其中高级职称 9 人，全国特级教师 1 人，高级实验师 1 人。该科组是广州市南沙区物理学科综合实力最强的一个团队。2012 年，我成为广东省教师工作室和南沙区名师工作室主持人。为充分发挥名师的示范引领作用，物理科组安排我为全体物理教师上示范展示课，宣讲教学教研经验，引导其他教师增强教书育人的责任感，转变教育教学观念，提高课堂教学质量。13 位任课教师承担了全校 3 个年级 42 个班的物理教学工作，每位教师都承受满工作量或超工作量。除教学任务外，有 7 位物理教师任班主任，1 位任工会委员，1 位任年级级长，1 位任校科研处副主任，1 位任校党委副书记、副校长。可以说，物理科组成员的工作任务十分繁重。尽管工作量大，物理科组的每位成员均具有良好的职业素养，爱岗敬业，尽心尽力搞好工作。科组内各年龄段的教师分布合理，其中 40 岁以上 4 人、30～40 岁 6 人、30 岁以下 5 人，富有经验的中年教师起到了很好的表率作用。在学校的各次评估中，物理科组均表现出色，无论是省级还是国家级示范性高中教学水平评估，物理科组的公开课均受到专家的好评，且有多名教师的公开课被评为优秀课。在示范性高中教学水平评估中，物理科组的建设也得到了专家们的认可，以较高的分数通过教学水平的评估。总的来说，物理科组是一个专业技能扎实，教学能力强，有责任心和上进心的团队。

近 3 年，物理科组先后有 16 人的论文或教学设计在区级以上的教研活动中被宣读，在市级以上的刊物发表或获得省教研会论文评比的一等奖、二等奖、三等奖等。同时，物理科组于 2008 年 4 月申请的课题"新课程实施过程中教师教学行为变化研究"获市教研室审批立项，目前进入了结题阶段。2012 年，"高中物理演示实验教学活动的实践与研究"课题的申报通过并开题。该课题以课堂教学过程中的演示实验为研究对象，针对教学过程中演示实验存在的问题，进行改进优化。

物理科组在指导学生参加各类比赛方面也是硕果累累，在各级竞赛中均有良好的表现。从 2012 年到 2015 年，物理科组几乎每一位成员都上过区以上的公开课，获得良好以上的评价，且有 8 人获得优秀的评价。

2. 完善物理科组内各种制度，及早制订工作计划

物理科组内建立了完善的帮扶制度和集体备课制度。每位青年教师均安排 1 名有经验的同级组教师进行师徒结对，在教学过程中，师徒俩一起备课，互相听课、评课，使青年教师迅速成长起来。在日常教学活动中，物理科组坚持每周一次科组集中学习或年级备课组集体备课，每次集中学习或备课前均定好内容和发言人，做到有目的、有准备。每月进行一次教学情况检查，每学期每位教师至少上交一篇教学论文或教学设计。每学年每位教师至少上一次公开课。由于制度完善，一直以来物理科组内的各项工作均能顺利进行。

及早制订工作计划，使各项工作的开展能按计划进行。每学期开学第一周，按照学校的教学计划结合物理科组的实际教学情况，三个年级分别制订备课组工作计划，对教学进度、教学目标、工作重点及策略做详细的规划。物理科组也制订各学期的工作计划，安排各学期的公开课任务，明确教学教研任务。

3. 认真抓好教学常规工作，提高教学质量

(1)以课堂为基地，努力提高教学质量

课堂是教学工作的第一战线，如何提高课堂效率，是物理科组各备课小组集体备课和科组集中学习的重点。学校以年级备课组为单位安排任课教师的座位，使同一备课组的教师能每天都在一起，方便平时的集体备课和讨论教学。科组内各位教师之间经常一起探索如何才能设计好一堂物理课，如何才能让学生更好地掌握知识，如何才能突破难点，如何体现新课程理念等。例如，高一备课组在李洁老师的带领下，任课教师经常一起讨论问题，制作各种演示教具，设计各种学生探究实验。

(2)以优质课为载体，提供交流互动的平台，共同探究物理教学策略

按照学校规定，每位教师每个月至少听两节专业课，一个学期至少听10节。每位教师在授课之前都做足了准备，做到了备教材、备学生、备教法、备教具等，使每节课都能取得良好的效果。公开课最大的特色在于各种探究实验的设计，让学生能通过活动获取知识，更能体现物理教学的特点和本质。听课一方面能够互相学习，另一方面还可以促使任课教师教学技能的提高。在评课的过程中，每位听课的教师都踊跃发表意见，提出个人不同的教学设想，对所听的课进行点评，教研气氛相当活跃。在公开课活动的开展中，无论是听课的教师还是授课的教师，教学水平上均有很大的提高。

(3)以实验室建设为特色，推动物理实验教学

在两位实验教师张颖康和郭均妹的辛勤劳动下，原来分布不合理和封存在仓库内的实验器材得到了重新调整，物理实验室焕发了新的光彩。各物理实验室功能明确，干净整洁，实验室仪器分类清晰合理，摆放整齐有序。实验室能按教学要求开展所有的学生分组实验和教师演示实验。在两位实验教师的协助下，不少任课教师还改进补充了许多演示实验和学生探究实验，使物理课堂更丰富多彩，进一步促进了教学质量的提高。所有任课教师均对两位实验教师的工作给予很高的评价。

(4)创新教学管理，实现教学质量新突破

面对南沙区城市化进程不断提速的现实，物理科组积极稳妥地推进新课程改革，重视教育思想、教学管理、教学方式、教学手段的现代化建设，以适应南沙区城市化发展的需要和现代社会知识化、信息化发展的要求，全力构建高效高质教学体系，形成了"城市化进程中的教育创新"这一特色。城市化进程中的教育创新就是在农村城市化、城市现代化、社会转型加快的背景下，针对南沙第一中学生源状况较差、学生基础差异大的实际情况，坚持面向全体、着力中层、分类指导、全面发展原则，以新课程改革和课堂教学改革为重点，创新教学管理模式，实施

"分层教学，目标管理"。对优等生、中等生和学困生进行分类指导、分科辅导和分级推进，从而实现教学质量的新突破。

一是分层备课，分类要求。教师从教学目标、内容、时间、步骤、方法、教具准备等方面与三个层次学生的实际相适应。对学困生适当降低难度要求，要求其学会基本知识，掌握基本方法，发展基本技能；对中等生要求在熟悉熟练上下功夫，发展综合能力，使之逐步转变为优等生；对优等生要求深刻理解、熟练掌握和灵活运用，能够辩证和多向思维，并发展个性特长。

二是分层授课，优化过程。教师灵活选择教学方法，对学困生要依据大纲落实单一知识点，以模仿性学习为主，在巩固练习时及时查漏补缺，及时反馈；对中等生多鼓励、多提问，利用他们认识上的不完善展开问题的研究，在达到大纲要求的基础上有所提高；对优等生要引导其一题多解，举一反三，培养发散思维，进行多角度思考，以创造性学习为主。

三是分层作业，耐心辅导。课内作业要根据大纲，以面向中等生为主，设计全年级统一的题目，但学困生经过努力也能完成；在能力培养上也要进行分层辅导，对中等生、学困生主要引导其动手、动眼、动口，培养其观察、理解、表达能力，对优等生则主要培养其思维、想象和创造能力。

四是分层考核，分类评价。我们认为，考试的作用在于强化学习过程，重在平时对学生的过关考核。据此，我们根据大纲要求和各层次学生的教学目标命制基本题、提高题和深化题三级试题，供学生必做、会做和选做。评价标准上也因班而异，因人而异：对优等生进行竞争评价，高标准严要求；对中等生进行激励评价，鞭策上进；对学困生进行表扬评价，挖掘闪光点，消除自卑心理。

教学管理的创新为我们寻找到了培优转差、防差的突破口，取得了"低进高出，高进优出"的效益，大大提高了教学质量。

4. 积极参加教研活动，开阔视野，进一步促进教学质量提升

教学工作不能"坐井观天""一本书读到老"，要"走出去，请进来"，要根据实际情况灵活变通，多想办法。教无定法，如何才能找到既适合本校学生，又能充分发挥物理科组各任课教师特长的教学方法，是我们一直探索的问题。除科组内互相交流外，我们还进行了与外界交流的多方面的活动。首先积极参加每月一次的市教研活动，听取其他学校的经验，回来后进行分享交流。另外，跟南沙区内的两所兄弟学校互相听课、评课。高三中段考试题评讲，我们与南沙区的全体物理教师，包括外国语学校的物理教师进行了听课交流活动。通过各种外出教研活动，大大开阔了科组内教师的视野，对教师教学技能的提升起到了一定的帮助作用。

5. 积极参加各类竞赛评奖活动，硕果累累

2011 年和 2012 年，在高一力学竞赛，高中学生物理竞赛，第 27、28 届青少年科技创新大赛中，我们都取得了不错的成绩。在高一力学竞赛中有四名学生获市三等奖，陈国辉老师被评为优秀辅导员；在高中学生物理竞赛中有三名学生获市三等奖，邬小伟老师被评为优秀辅导员；在第 27 届青少年科技创新大赛中，由我们科组李子根、于培翠两位老师指导的学生作品"老年人突发晕倒求助器"和"省电公路照明系统的改造"获得了广州市二等奖和南沙区一等奖。在第五届广州市青年物理教师技能大赛中，李子根老师获得三等奖，于培翠老师获得二等奖；在校首届教坛新秀大赛中，于培翠老师获得三等奖，邓燕红老师获得二等奖，陈宏锋老师获得一等奖；陈宏锋老师的论文《合理创设物理情境，激励学生的主体性》在《广州教学研究》上发表。除教学工作外，物理科组李良慧、李子根、陈国辉三位老师被评为优秀德育工作者，李子根老师还被推荐为区骨干班主任培养对象，黎丽娟老师参加了广东省物理骨干教师的培训。在 2014 学年，广州市高一力学竞赛中有一名学生获二等奖，三名学生获三等奖，广州市高三物理竞赛中有一名学生获三等奖。在南沙区教师物理试题比赛中，物理科组共有 11 位教师参加，其

中陈国辉、罗少芬、黎丽娟三位老师荣获一等奖，李子根、陈宏锋、彭晓春三位老师荣获二等奖，还有五位老师荣获三等奖。在 2014 学年南沙区"明珠杯"中学物理学科科普活动中，物理科组于培翠、罗少芬、邓燕红三位老师指导的学生作品获得一、二、三等奖。

二、引领广州市骨干教师成长

(一)组建广州市徐辉特级教师工作室

2013 年，广州市组建徐辉特级教师工作室。我带领工作室教师和广州市骨干教师学员，进行教学科研，共同研究、共同提高、共同进步。

广州市徐辉特级教师工作室授牌

(二)广州市徐辉特级教师工作室成果显著

广州市组建徐辉特级教师 工作室，由我带领高秀丽、万全红、邵巨钱、刘志铭四名广州市骨干教师学员和物理学科教师，进行为期三年的教学科研，成果显著。下面是四位学员的培训收获和感悟。

我在"百千万"成长的日子

广州市花都区邝维煜纪念中学 　高秀丽

2014 年 5 月 25 日至 5 月 31 日，广州市"百千万人才培养工程""中学名教师"培养对象邵巨钱、刘志铭、万全红和我四位成员到实践导师徐辉的工作单位广州市南沙第一中学进行为期一周的跟岗学习。理论导师张军朋教授以及工作室助理和晓东也参加了这次活动。

在这一周的跟岗学习活动中，我们主要进行了以下五项活动。

一是聆听了徐辉老师的"教师专业发展"和张军朋教授的"物理微课及其设计"专题讲座。

二是在两位导师的指导下进行了"动量守恒定律的应用"专题复习课的备课、说课。

三是四位学员分组进行上课，并进行评课交流。

四是开展与广州市南沙第一中学物理科组的双向听课和教学交流活动。

五是到广州外国语学校、南沙麒麟中学分别听课，并进行评课交流。

在徐辉老师的"教师专业发展"专题讲座中，他以一个特级教师的个人成长经历，为我们的专业发展提出建议。他的成长历程，给了我很大的启发。毕业 20 年，我的个人专业发展到了瓶颈期，要想突破瓶颈，不仅需要专家的引领，更需要自我反思和学习。

另外，我们还与广州市南沙第一中学物理科组的教师进行了教学交流和研讨。徐辉老师是特级教师和市高层次人才，广东省中小学教师工作室设立在该校；黎丽娟老师是省骨干教师，具有很强的学科教学魅力和亲和力，在他们的带领下，该校的物理学科成为广州市南沙第一中学的领头学科。四位学员结合各校的情况，与徐辉老师、黎丽娟老师以及该科组其他成员在课堂教学、课题研究、学生辅导、教研组管理等方面进行了热烈的交流，博采众长，对今后的教学有很大的帮助。

总的来说，这次到广州市南沙第一中学跟岗学习一周，在徐辉老师的指导下，我在课堂教学、课题研究、学生辅导、教研组管理等方面都收获良多。尤其是同课异构、异地教学的经历，对我的震撼是空前的。今后要继续珍惜这样的机会，加强学习和反思，进一步提高自身的教育教学水平和能力。

广州市徐辉特级教师工作室是我专业成长的摇篮

广州市第七十一中学 万全红

2014年5月25日至5月31日，我们四位广州市"百千万人才培养工程""中学名教师"培养对象，在特级教师徐辉的名师工作室基地广州市南沙第一中学跟岗学习一周。在一周的跟岗学习中，我们先后到广州外国语学校、南沙麒麟中学、广州市南沙第一中学听课学习，有骨干教师的课，也有年轻教师的课。5月27日下午，我们到广州外国语学校听了高一(4)班艾军老师的关于"功率"的物理课，5月28日下午听了南沙麒麟中学高一(4)班林慧迎老师的关于"机械能守恒定律"的物理课。5月29日、30日两天我们又分别听取了工作室几位成员关于"动量守恒定律的应用"的同课异构。课后，徐辉老师组织我们进行了评课活动，各位老师各抒己见，徐辉老师对各位老师的意见进行了充分的肯定，并且给出了很多良好的建议，这些给授课者和听课者都带来了很大的收获。

徐辉老师精心设计学习任务，为我们提供交流学习的平台，参与听课、评课、上课及撰写博客等活动。我通过听讲座，与专家们面对面交流，与学员们共同切磋教学教法，收获颇多。跟岗期间，我们观摩了广州市南沙第一中学的课堂教学，此外，还分别到广州市外国语学校、麒麟中学开展听课、评课交流活动，领略了他们不同的教育风格、先进的教育理论，受益良多。评课过程中，大家踊跃发言，妙语连珠，充分挖掘课堂的优点，也敢正视教学的不足，有时甚至对教学的问题展开热烈的讨论，让我不但学到了知识，更加感受到各位老师高尚的品质和对教学认真的态度。通过对多节课例的观摩、大家的讨论交流及导师的点评和指导，我对"好课"的理解、认识达到了一个较深的层次。

这次参加名师工作室跟岗培训的学员共有四位，虽然来自不同的学校，但都积极进取，渴望提高。我们热烈讨论听课中遇到的问题，分享听课的感受和意见，积极反思自己的教学过程；同时，在备课的过程中我们相互听课，为对方的课堂提出自己的见解。从他们的身上，我学到了勤勉认真、热情好学、毫无保留的工作作风；从他们的身上，我看到了什么是诲人不倦，什么是求知若渴，什么是乐于奉献，什么是风趣幽默，什么是你追我赶。跟岗期间，我认真听取了所有老师的汇报课，在老师的课堂里，品味到"同课异构"的奇思妙想，匠心独具的教学风格。这将为我今后的课堂教学提供很好的参考。

2014 年 10 月 28 日，在工作室的组织下，我和花都区新华中学的邵巨钱老师开展了"同课异构"活动，授课的内容为"电功率"。

徐辉老师肯定了我们的优点，并提出很好的意见和建议，他认为在教学设计上应考虑学生的实际情况和现实需要，重视知识的生成过程。我们的教学要注重课程标准，研究课程标准要求；处理好教材与教学的关系，教学设计要源于教材而又高于教材，对教材进行再创造。教学设计要适应不同层次的学生；教学过程要注重三维目标的实现，注重情感渗透；教学过程中的亮点在哪里？难点如何解决？这些都是我们在教学设计中要思考并解决的问题。学员们及广州市第七十一中学听课的领导和教师都深感两位导师的指导很有见地和实效，受益匪浅。

在这三年的培训中我上了四节公开课，撰写三篇教学设计，两篇教学案例，五节评课稿。总之，通过在名师工作室的学习，我发现自己在备课、评课方面都更加成熟了，更有自己的思想，能站在更高的角度分析问题，能更全面地考虑问题。所以，我在这以后每次开课、评课或讲座时都显得比以前更加自信了。

视野之拓宽　心灵之碰撞

广州市花都区新华中学　邵巨钱

2014 年 5 月 25 日至 5 月 31 日，带着几分仰慕、几分欣喜、几分疑惑，我来到广州市南沙第一中学跟岗学习。徐辉老师、张军朋教授为使我们学有所得，精心拟订了跟岗学习计划，短短几天，理论盛宴，感悟甚深；课堂实践，收获颇丰。

一周的跟岗学习中，我们先后在广州外国语学校、南沙麒麟中学、广州市南沙第一中学听课学习，有骨干教师的课，也有年轻教师的课。我们还分别听取了工作室几位成员关于"动量守恒定律的应用"的同课异构。课后，在两位导师的组织下，我们进行了评课活动，两位导师高屋建瓴地给予我们指导，他们从上课教师的基本功、教学目标的设置、教学内容的设计、教学方法的选择、教学活动的组织等方面进行了非常专业的分析指导，让我们受益良多。

两位导师还亲自为我们开展讲座，例如，理论导师张军朋教授为我们召开"物理微课及其设计"的专题讲座。这些内容丰富的讲座，大大开阔了我的视野，增长了我的见识，更新了我的观念，更实实在在地提升了我的专业知识水平，为我日后提高教育科研能力和教学能力创造了条件，为我的专业成长打下了基础。

总的来说，三年的培训既丰富了我的知识水平，使我的理论水平得到提升；又令我充满紧迫感，更加坚定了我要有教育追求的信念。"他山之石，可以攻玉。"我相信这次学习的教育理念、成功的教学经验，将让我更有方向。

专家指引，醍醐灌顶

广州市花都区邝维煜纪念中学 刘志铭

我有幸参加广州市教育系统新一轮"百千万人才培养工程""中学名教师"项目的培训工作，度过了三年充实而又难忘的学习时光。这段时光，真正激发了我对专业学习的热情，也让我走近了很多优秀的老师，其中就有尊敬的徐辉老师。徐辉老师精辟的见解、务实的作风，以及工作室学员全身心的投入都给我留下了极其深刻的印象。工作室和谐的环境，开放的氛围使每一位学员如置身一个大家庭，在这个大家庭里，大家交流困惑，畅谈经验，共同学习，努力探索，积极实践，反思改进，逐渐成长。在实践导师徐辉老师和理论导师张军朋教授的精心指导和帮助下，通过与其他成员的共同学习、交流，我不仅在教育教学理论上使自己得到了进一步充实，而且在专业素养和教科研能力方面也有了一定的进步，受益匪浅！

徐辉老师第一次工作室集体活动就如何做好听评课开了一个专题讲座，要成为一名真正的名教师，听课时应该掌握哪些技能，才能提高听课的实效性。他从以下三个方面做了分析。

一是从面上看一节课的整体。教师不再是课堂教学的"领导者"，而是课堂教学中与学生平等的一员，是教学活动的设计者、参与者、指导者；教师不再是学生学习的"讲解员"，而是促进学生自主学习、合作学习的"引路人"；教师要尽量减少对教学时间和空间的占用，把更多的教学时间和空间让给学生……课程改革的这些教学理念都要融入我们的实际听课中去。要运用这些理念去观察和把握授课教师的教学思路是否清晰，教学方法是否得当，重点是否突出，难点是否被突破，知识建构是否合理，训练是否有效，活动的效果是否好，教学目标的达成度是否高，各环节的时间安排是否科学，教师的教学基本功是否深厚和扎实，等等。

二是如何"抓"关键要领。新课程理念下一节课的成功与否，关键是看教师如何通过活动引导学生主动去学。所以，听课不但要"听"，还要"看"和"记"，更要"思"，做到听、看、记、思的有机结合。这就需要教师正确掌握听、看、记、思的要领，提高听课的实效性。

听课要听什么？听课时首先要做到集中精力。一要听教师的教学语言。不但要听教师的语言基本功，还要听教师的语言艺术。二要听学生的课堂发言。倾听学生的发言能够了解学生对所学知识的掌握和内化的程度，发现学生有创意的见解和思维障碍，了解教学的真实效果，为教学评价提供依据。听学生发言主要听学生对问题的回答是否正确，是否能够清楚地表达，语言是否流畅，有没有自己的观点，其观点是否有创意，能不能提出有见解的新问题等。

听课要观察什么？第一，要看教师的主导作用发挥得好不好。看教师对课程标准的把握、对教材的领悟和处理是否准确到位；看教学内容的选择和教学过程的安排是否有利于突出重点和突破难点；看教学活动的设计和组织是否切合教学实际和满足学生需求，是否有利于学生的参与和体验；看教师的教学是不是充满激情，能不能振奋学生的精神；看教师的教学功底和教学基本功是否深厚和扎实，有没有良好的示范作用；看现代化的教学手段有没有运用，使用是否得当。第二，要看学生的主体地位有没有得到充分体现。看学生参与活动机会的多少，如活动的次数、参与活动的人数、回答问题的人次等。看学生在活动中的状态，如是否善于动手操作，与同学交流时是否善于发言，小组讨论后是否能积极勇敢地汇报，是否能够提出有一定价值的问题，学生板演的情况等。看学生在探究问题中的表现，如是否善于思考问题，是否会思考，是否敢于发言，是否会发言等。

听课要记录什么？听课记录应包括四个方面的内容：基本信息、教学实录、教学点评、教学总评。

三是恰当的教学点评。教学点评与教学实录要同步完成，记录时两者要对应。教学点评，既可以是对教师引导或讲解的精妙之处或不足之处的分析，也可以是对学生发言或回答问题过程中所迸发出的智慧火花或存在问题的评议；既可以是针对教学中某些具体问题或活动设计的看法与思考，也可以是受特殊场景或偶发事件启发所产生的灵感和顿悟。教学点评不必拘泥于内容和形式，但教师一定要把自己的真实想法、感悟、观点和评价写出来。尽管自己的观点和评价可能会很片面或有偏差，但它体现的是自己独立的、富有个性化的教学视角，是对自己教学理论水平和教学评判能力的综合检验。

回顾在工作室学习的三年，徐辉老师渊博的学识、风趣的语言、生动有趣的实例，使我的个人能力得到发展。我认真反思，结合课堂教学实际，在山西省一级刊物《中学课程辅导》杂志上发表了论文《高中物理课堂教学创设有效提问》。忙忙碌碌也硕果累累，展望工作室的明天，我们踏踏实实也踌躇满志，名师工作室是我们教师成长的平台，我将一如既往，努力学习，认真完成工作室的各项学习、研究任务，互相合作、共同提高，争取更上一层楼！

三、引领广东省各级骨干教师成长

(一)组建广东省徐辉教师工作室

2012年组建广东省徐辉教师工作室，我带领工作室教师和广东省骨干教师学员，进行教学科研，共同研究、共同提高、共同进步。

(二)广东省徐辉教师工作室成果显著

2012年组建广东省徐辉教师工作室，我先后带领23名广东省骨干教师学员和七名江门市骨干教师学员，进行教学科研，对新课程标准下的课堂教学进行了专题研究，其研究论文共计14篇，在2013年《中国民族教育》杂志第7期至第12期上连载发表，产生了较大影响。

1. 2012年广东省物理骨干教师跟岗学习的收获与感悟

学高为师，德高为范

广州市南沙第一中学　黎丽娟

2012年10月14日至11月2日，我同另外八位来自广东各地的教师一起走进了特级教师徐辉的名师工作室进行跟岗学习。徐辉老师为我们这九位教师的学习做了详细的安排。20天的学习内容丰富，形式多样，有听课，有评课，有授课实践，有学员间的互动交流，有专家讲座。20 天的跟岗培训很快就结束了，这 20 天过得既充实紧张又收获良多。

学高为师，德高为范。培训中，徐辉老师在物理教学方面的研究让我敬佩不已。他给我们进行的有关教师专业成长的专题讲座给我的触动很大。要读书，要听课，要进行教学研究；要虚心，要成为一名优秀的教师得对自己从不同的方面进行打磨。听了彭晓春老师关于课题研讨的讲座，我对课题研究的申报过程有了更加清晰的认识，对课题研究的选题和开题报告的书写有了更深入的理解。另外，我们还先后观摩了徐辉、邬小伟、陈宏锋、李良慧、李洁、陈国辉、彭晓春等多位高级、特级教师的课堂教学，通过对多节课例的观摩、课后我们跟岗学员间的讨论交流，以及徐辉老师的点评和指导，我对"怎样才是一节好课"有了更清晰的理解和认识。在 20 天的时间里，我们感受到了徐辉老师踏实严谨的工作作风，超高的工作效率；感受到了徐辉老师平易近人的处世态度和无微不至的关怀照顾。有这样一位名师在南沙第一中学当带头人，真是南沙第一中学的宝贵财富。

20 天一晃而过，我的感触很多，言语已无法表达，更多的是留恋和感激。通过这次培训，我开阔了眼界，思考问题能站在更高的平台，许多疑问得到了启发或者解决。我不仅更新了业务知识，更进一步提高了业务素质。尤其是通过听课、评课、课题研讨，我对如何上好物理课，有了更清晰的理解。徐辉老师的敬业精神和朴实无华却不失伟大的人格魅力深深地感染了我。

充满乐趣，深感幸福

广东省兴宁市田家炳中学　李阳华

2012 年 10 月 14 日至 11 月 2 日，我们一行九人来到徐辉名师工作室参加跟岗学习活动。20 天的跟岗学习，紧张之外却不乏乐趣，忙碌之余仍充满情趣，疲倦之时也深感幸福。徐辉老师是我们的导师，不管是在教育教学工作中，还是在生活中的点点滴滴，我们都感受到了他对教育的执着和热爱。我们学到的是那份热情和追求、先进的研究方法和持之以恒的态度。这就是我最大的收获！作为一个工作在山区中学的教师，我深深地感到自己在工作中存在很多不足之处。通过这次培训，我学到了很多在工作中总结不出来的经验和理论。比如，如何有效进行高中物理的课堂教学，我从徐辉老师的 14 个不同课例中得到了深深的启发。作为教师的我深刻体会到蕴藏在课堂中的那些只可意会，不可言传，只有身临其境的教师和学生们才能分享的东西，以及随着师生共同进行的探究、交流所衍生的情感体验。我们不但要传授知识，而且要善于以自身的智慧不断唤醒学生的学习热情，培养学生的学习方法，丰富学生的学习经验，开启学生的学习智慧，使每一节课都成为学生的学习大餐，让学生感受丰富的学习风味。

要想成为一名合格的骨干教师，需要自己更努力地提高自身的业务素质、理论水平、教育科研能力、课堂教学能力等，而这也就需要我付出更多的时间和精力，努力学习各种教育理论，并勇于到课堂上去实践，及时对自己的教育教学进行反思，相信自己，在反思中提高和升华。经过这次培训，我觉得自己在今后的工作中必须加强对自身素质的培养，真正做到"学高为师，德高为范"，这样才能赢得学生的尊重。今后，我会更积极主动地向优秀教师学习，亲身实践，把自己的收获运用到自己的教育教学工作中，使自己的教育教学工作得到更全面的发展。

人格魅力，感染我们

广东省河源市和平县福和高级中学　梁志平

2012 年 10 月，本人非常荣幸地成为特级教师徐辉老师名师工作室的学员。虽然只有短暂的 20 天学习时间，但在广州市南沙第一中学的所见所闻，让我感悟不断，感动不已！

在此期间，徐辉老师用他的踏实做人、认真做事的生活信条教育着我们，用他的人格魅力影响着我们。他先进的教育理念，独到的教学思想，全新的管理体制，以及对生活、对工作、对事业、对学生独特的感悟，让我们受益匪浅。从他身上，我们学到的远不只是专业知识和做学问的方法，更多的是他执着于教育事业、孜孜不倦、严谨勤奋、潜心钻研、尽心尽责、热爱工作、热爱生活的精神。

通过在徐辉老师的名师工作室学习，我对当前教育形式有了更清楚的了解，也更加认识到自身存在的不足，面临的新形势、新问题以及有待于解决的问题。我要激活自己的热情，勇敢无畏地投入教育的行列中去。

总之，我非常感谢南沙第一中学给予我这次学习的机会，也特别感谢徐辉老师对我悉心的教诲。此次学习让我受益匪浅，我感到满满的幸福和快乐。在今后的工作中，我将继续享受教师这份工作带给我的欣慰和愉悦，把教育当作一份事业来为之奋斗与拼搏。当然，摆在我面前的工作很多，要面对的困难也很多，但我会更加激励自己，超越自己，为自己的教育生涯涂上更加亮丽的色彩。

收获丰厚，心存感恩
广东省广州市第八十六中学　刘奕江

本人有幸成为特级教师徐辉老师名师工作室的学员。虽然这次跟岗学习只有短暂的20天，但在广州市南沙第一中学的所见、所闻、所学，让我收获丰厚，心存感恩。

在培训过程中，徐辉老师让我们听了很多讲座，虽然有点累，但是心里有很多感慨。其中最重要的一点就是：学习对于我们来说太重要了。我在平时上课过程中没有注意总结反思自己的教学行为，在教学中很少感到自己的进步。因此，我以后要努力学习，特别是要学习一些优秀教师的教学经验，不断提高自己的教育教学水平。

在这几天的学习中，我和经验丰富的教师进行了一些交流，在与他们的交流中我学到了很多知识，如怎样去激发学生的学习兴趣，怎样有效地设计一些课堂小游戏等。特别是徐辉老师一直用他的真诚与关心感动着我们，用他踏实做人、认真做事的生活信条教育着我们，用他的人格魅力影响着我们。他的教诲、他的叮咛、他的期望一直鼓舞着我们。我相信，在今后专业成长的道路上这些还会深深地影响着我们。

光阴似箭，20 天的时间很快就过去了。通过这次跟岗学习，我意识到，作为教师，不再只是充当"传道授业解惑"的单一角色，还要扮演"组织者""参与者""学习者"等多元角色。

精彩培训，活学活用

广东省汕头市濠江区河浦中学　詹金锋

2012 年，我有幸参加了省骨干教师培训，在徐辉名师工作室与来自全省不同学校的同行们坐在广州市南沙第一中学宽敞明亮的教室里，一起讨论问题，交流学习心得，这让我仿佛又回到了十多年前的学生时期。徐辉老师以及物理教研组的教师们以鲜活的实例、丰富的知识以及精彩的理论论述，给了我们这些学员强烈的震撼与先进的理论引领。在一次次的感悟中，我们更进一步地了解了新课程改革的发展方向和目的，并反思了以往工作中的不足，开阔了学习的视野，更新了教育观念。

这次名师工作室的培训，徐辉老师付出了很多心血，他精心筹备，毫无保留地把所有知识都传授给我们。这次培训，我们听得津津有味，受益匪浅。我们知道了"什么是有效的教学""教学如何有效"等。我们在广州市南沙第一中学又进行了研讨教学案例、写教学设计、观看观摩录像课、写评课稿等活动。学员们除了认真完成徐辉老师布置的作业外，还以小组为单位进行讨论发言，接着在班上轮流发言。每人还需要进行课堂实践授课，并录制优质视频。培训内容很丰富，我结合培训内容重新审视自己，发现了自身的许多不足。这次培训填补了我平时教学中的很多漏洞。

培训虽然已经结束，可是它留给我的思考却会一直进行下去。回来后，我在我校做了培训总结，将培训的所见、所闻、所学与我校教师进行交流。我在校科组工作中，引领我们的物理科组共同前进。这次培训对我来说是一次难忘的充电机遇。教育局给我们提供了这个再学习、再提高的平台，让我们聚集在一起相互交流，一起学习，取长补短，共同提高。我们不仅学到了丰富的知识，还提高了业务素质。每完成一篇作业，一种成就感油然而生；每当听到教师们对教材细致深刻的剖析，一种豪情在心头澎湃。在今后的工作中，我将建立终身学习的观点，在师一日，便不可荒废半日。通过学习不断获取新知识，增长自身的才干，适应当今教育改革的新形势。为了无愧于教师这一职业，也为了实现自己心中的理想信念，我定会更加努力，增强学习，提高素质，完善自己，为教育事业奉献自己的光和热。

细致规划，精心培训

广东省梅州市梅县东山中学　谢纲群

2012 年 10 月 14 日至 11 月 2 日，我很荣幸参加了广州市南沙第一中学徐辉老师名师工作室的跟岗学习。徐辉老师对我们的跟岗学习非常重视，做了全面细致的规划，让我们在有限的时间里得到最大限度的锻炼和提升。20 天的跟岗学习大致分为三个部分：业务学习、上课研讨和游学。

在业务学习过程中，南沙第一中学除提供了由徐海元校长主编的《教海探航》和徐辉老师主编的《高中物理解题方法与技巧》两本理论书籍供我们研读外，还组织我们先后聆听了徐海元、徐辉、彭晓春等专家的报告。这些专家有的来自教研部门，有的是学校的管理者，有的是教学一线的特级教师，他们深入浅出的理论指导、切中时弊的研究思考、立足实际的现身说法，都给我们很好的导引，帮助我们澄清了一些原本模糊的认识，提升了我们的理论水平。

在上课研讨阶段，我们除了走进徐辉老师的课堂，感受了徐老师温文尔雅的教学风格外，还聆听了陈宏锋、陈国辉、李洁、李良慧、黎丽娟、邹小伟等优秀教师的示范课。各具特色的物理教学让我们大开眼界，也加深了我们对物理课堂教学的认识。除了学习之外，我们按要求开展了上课汇报活动，三位教师为一组，同备一个内容，在不同的班级上汇报课，其他成员听课指导。共同的备课研讨，让我们能够取长补短；而面对不同学生的同课异构演练，又让我们更好地看到自己的优点和不足，在导师和其他成员的帮助下逐步梳理形成自己的风格。

我与来自全省各地的优秀教师共同走过这 20 天，每天积极参与，努力学习，不仅从徐辉老师、各位专家和广州市南沙第一中学的教师那里汲取精华，还从各位学员身上学到许多。不管是课堂上的举重若轻，还是独立自由的学术品质，以及认真严谨的学习精神，都让我自感不足，常思奋进。在接下来的自主研修阶段，我将继续向各位导师、学员学习，沉下心来，踏实做事，力争让自己的教育教研水平有所提升，为中学物理教育尽一份力。

2. 2014 年广东省江门市物理骨干教师跟岗学习的收获与感悟

紧张忙碌，收获感动

广东省江门市礼乐中学　郭红春

2014 年 3 月，我们一行七人来到广州市南沙第一中学广东省中小学教师工作室——徐辉名师工作室，参加为期一周的跟岗学习活动。这是紧张、忙碌、疲乏的一周，也是兴奋、激情、新奇的一周，更是学习、反思、收获的一周。我想从两个方面做总结。

第一，感谢、感恩和感动。

首先我想感谢。徐辉老师，他是广州市南沙第一中学的副书记、名师工作站导师、物理科任教师。他有繁忙的校务，也有很多对外交流指导工作、教学指导工作。彭晓春老师是科研处副主任，负责三个理科班的教学工作。黎丽娟老师是科组长。陈国辉老师是高二备课组长，负责五个班的教学工作。他们在这百忙之中承担了我们江海区教师的培训指导工作，我非常感谢各位老师为这次培训学习所付出的劳动。

其次我非常感恩。在广州市南沙第一中学的这几天，我收获了许多。我了解了邓斌校长的办学理念和发展蓝图，感受到一个生机勃勃、面貌一新的广州市南沙第一中学,我会永远记得邓校长如朋友般的待人风格。我感受到了校园通透开阔的绿色氛围。我收获了学校师生文明有礼的美好情谊。

最后我非常感动。我们来自江海区的七位物理教师,这样同吃、同住、同学的机会也许只有这一次。虽然过去也认识、交流过,但从未如此深入,友谊也从未如此深厚过。这几天,大家互相关心,共同探讨,集体备课,共同进步。

第二,学习、反思和进步。

跟岗学习期间,我们听了高二物理备课组几位老师的课,有专题复习课、新授课、月考评析课。每堂课都精彩纷呈,可以感受到每位教师教学基本功非常扎实,教学教研能力极强,整个备课组的教学实力深厚,教学进度、要求和目标非常一致。我们深入地了解了高二物理备课组的师资情况、学生情况、教学情况,集体备课要求及做法。我们一行七人每人都在广州市南沙第一中学高二年级上了一节课,内容有"认识交流电""交流电的描述""表征交流电的物理量"。内容是我们教过的,但在新的教材、新的环境中授课,准备时间也不是很多的情况下,我们还是有不小的压力。但徐辉老师平易近人,物理科组的其他教师也提供我们需要的帮助,我们是带着问题来的,暴露自己的不足才能更好地得到导师的诊断,所以我们能放平心态,尽心去上好一堂课。我们是先听课,很自然地将在听课中学习到的点滴体会运用起来。每堂课,徐辉老师都仔细地记录。每次评课,徐辉老师先让授课教师将自己的设计意图说明一下,然后他再以"高标准,严要求"的原则对我们每节课进行点评指导。徐辉老师以关爱和宽容的心对我们进行悉心指导。徐辉老师告诉我们想上好一节公开课,首先,要认识公开课的要求:它是起示范作用的,环节要完整,时间要合理分配,板书要完整简洁。其次,要有一个结构完整的教学设计:新课引入生动形象,过程分析清晰准确,课堂结尾承上启下。最后,课堂教学应有亲和力,有效调动教学氛围。针对每位教师的课,徐辉老师还做了更仔细的指导,我们极其认真地听取导师

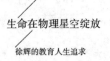

的意见，并虚心向导师请教，交流讨论氛围十分热烈。我们最想知道的是徐辉老师怎样上好物理课，怎样成为名师，徐辉老师都毫无保留地与我们畅谈。从交流中我们深刻地体会到成功没有捷径，要不断地读书、钻研，深入课堂，反思总结，多上好课，多上公开课，多学习交流。

跟岗学习一周，回到了学校，回归到自己的工作和课堂，但心中那份感动很深，收获在反思中不断增加。

更新观念，提升能力
广东省江门市外海中学　梁伟珠

2014年3月，我有幸参加了省中小学教师工作室江海工作站学员跟岗学习活动。在跟岗学习过程中，我认真学习，严格按照培训单位和导师的要求，做好各项跟岗学习事宜：认真上好汇报课，积极评课，积极参与课题研讨，主动向工作室主持教师请教，做好读书笔记以及教学反思等作业。

这次培训的内容丰富多彩，培训的方式多种多样，既有名师的专题讲座，又有观摩研讨、交流座谈会等。这次培训让我学到了很多平常从书本里学不到的东西，也有很多的感悟。

1. 见识了名师是怎样炼成的

这次培训我们观摩学习了广州市南沙第一中学特级教师徐辉和物理科组长黎丽娟等教师非常精彩的教学示范课，令我受益匪浅。特别是徐辉老师广博的知识和深厚的教学底蕴，让人深深折服。他的课堂让我大开眼界，使我见识了名师的真正风采。徐辉老师还同我们分享了他成长的经历，给我感受最深的有三点：名师的培养，一是要有一个好的导师，好的引路人；二是要有一个团结向上、互促互进的团队；三是自己要刻苦努力，耐得住寂寞，愿意久坐冷板凳，厚积薄发。

2. 更新了教育教学观念

这次培训给了我"充电"的机会，为我进一步认识教育教学理念提供了一个很好的平台。通过聆听各种讲座，我不但了解了许多新的理念，而且对课程标准有了更深的认识。例如，徐辉老师"有关电磁感应问题的分析与讨论"一课，不但板书、板画美观，而且教学技术高超：选题典型，难度适中，有梯度；组织、引导、激励学生非常到位，学生积极参与，教学效果非常好。这些都引起我深深的思考，给了我许多启发，使我对什么是教育教学有了新认识，仿佛在一个房间里待久了，突然找到一扇窗，窗外的清风扑面而来，另一个世界就在眼前。

3. 提高了教育教学能力及教研能力

这次培训给了我们相互学习的机会。通过与名师平等的对话、学员上课、互动评课、外出观摩等多形式的互动交流，我学到了很多东西，特别是徐辉老师对我们课堂的有针对性的评价，给了我很大的启发。通过学习交流，我拓宽了知识面，提高了认识。这次培训让我进一步知道如何更好地提高课堂教学效果，知道了如何评课，如何开展教研活动……同时还让我认认真真地照了一回"镜子"，发现了自己课堂教学中的诸多不足，促使我进行了深刻的反思，增强了教学研究的动力和信心。

4. 明确了今后的努力方向

我深知，"骨干"这顶帽子，既是荣誉，更是责任。我将把在这里学到的东西尽快反思、消化，并运用到教育教学中去，不断提高自己的教学水平。同时，我将加强和年轻教师的交流，帮助他们快速成长。此外，我还将及时总结教学心得和教学经验，把有价值的思考记录下来，一方面提升自己的教育教学水平，另一方面提高自己的教研能力。

开阔视野，提高能力

广东省江门市外海中学　卢秀玲

时间过得真快，一个星期的跟岗学习已经结束了，在过去的这一个星期里，我在广州市南沙第一中学既深深地感受到了这里教师们的爱岗敬业精神，也感受到了广州市南沙第一中学的学生们奋发向上的求学精神。跟岗学习期间，我得到了广州市南沙第一中学领导的亲切关怀。指导老师徐辉对我们的学习也进行了耐心的指导。在跟岗学习期间，我共听课 12 节，上课 2 节。现在我对整个跟岗学习期间的收获与感受做以下小结。

1. 开阔了视野

来到广州市南沙第一中学，这里办学理念、领导的管理策略、教师的精神面貌、学生的各方面素质都让我大开眼界。学校对学生进行个性化教育，培养学生的主体意识、合作精神，激发创造潜能，让学生拥有健康的身心、健全的人格、无限广阔的精神生活，为学生全面而有个性的发展打下坚实的基础。这些理念对于我来说都是全新的。

2. 提高了专业能力

在一个星期的跟岗学习的日子里，在导师徐辉的安排下，我听了包括徐辉老师在内的广州市南沙第一中学几位高二老师的课，有专题复习课、新授课、月考评析课。这些课都非常有特色。徐辉老师的专题复习课，从基础知识的复习到知识的层层递进，问题由浅入深的设置，符合学生的认知特点。把一章的重点、难点通过典型的例题、精心设计的练习体现出来，让学生知道本章内容以及需要掌握的知识、方法和规律，是一节高效的课。彭晓春老师的新授课"交变电流的产生"，从形象的实验入手，激发学生的兴趣，从而详细分析交变电流的产生过程，还用精心设计的课堂练习让学生更深刻地理解交变电流的产生过程。还有黎丽娟老师的月考评析课，她对学生的错题做了详细的分析，并对做得好的学生给予表扬，然后把学生错得多的题目拿出来详细评讲并进行归类、整合，让学生了解自己的失误在哪。我觉得这样的评析课一个学期至少要有两到三次。徐辉老师还带领我们走出广州市南沙第一中学，到广州外国语学校听该校教师的课。该校学生基础相对来说较好，所以教师上课的内容容量较大。授课教师的多媒体课件和动画制作得非常好，让我们大开眼界；还有麒麟中学教师的互动学习模式，让学生可以主动去学习。这些教师的课各具特色，专业理论水平都很高。听了这些教师的课之后，我得到了很多的收获。我从这些教师身上学到很多教学方面的技巧，值得我以后去深入研究。

3. 提高了思想认识

在南沙的一个星期里，每一件小事，每一次活动，每一次聊天都让我深深感受到徐辉老师的为人。徐辉老师对资料的收集、论文的写作和整理都让我体会到他的"有心"，做一个有心人，去发现、领悟真谛，走近真理。不是我们什么都不会做，是我们的脚步太仓促，未曾留心过，或也曾停留但没有思考过，所以我们总觉得难。从徐辉老师身上，我体会到了有心才会有大舞台，才能干出一番事业。

4. 反思和提高

学习只是一个契机，提供给我们一个全心全意去反思、研究教学与教研的机会。但学习的成果不在于抄录名师专家的说法和经验，不在于全盘照搬名师专家的操作方式，而在于学习、研究、反思之后的自我认识和内化，也就是俗话所说的"感悟"。只有自己"悟"出来的，才是真正自己的东西，这也是所谓的"博观而约取"。

一个星期的学习匆匆而过，这里值得我们学习借鉴的东西太多了，包括教师敬业奉献的精神。我带着深深的留恋、丰收的喜悦、由衷的感激，结束了本次跟岗学习。在今后的学习工作中，我将不断学习、充实、进取，努力超越自己，让自己的教学能力和各方面的素质能够有更大的进步。

研讨交流，促进成长

广东省江门市礼乐中学 李国钊

人们说："读万卷书，不如行万里路。"我却想说："行万里路，不如追随名师的脚步。"2014 年 3 月，我开始了为期一个星期的跟岗学习。在这一个星期的时间里，我有幸在特级教师徐辉的指导下学习教育理论，研讨课堂教学……在这一个星期里，我所经历的点点滴滴，时时刻刻，都在收获着，进步着，感动着……

在这一周里，我们上了、听了各种类型的课例：单元复习课、专题复习课、新课教学等。我们走进课堂实践。无论是新课的教学还是试卷的讲解，无论是知识点的落实还是学习方法的有效运用，无论是教学环节的设计还是课堂的生成问题，我都要在徐辉老师的指导下精心备课，尽量展示精彩、科学、有效的课堂教学，力求让学生在活动中学习，在主动中发展，在合作中增知，在探究中创新。

在课后研讨交流时，我真诚地与指导老师交流探讨，印象最深的是徐辉老师上的"有关电磁感应问题的分析与讨论"这一课。这节课共三个部分，第一部分，他给学生提出一个问题——"你学习本章有哪些收获?"让学生充分总结归纳相关的知识。第二部分，他通过几个问题让学生讨论，课堂效果很好。第三部分，拓展延伸，展示了他在电磁感应问题上独到的理解和运用。这一教学环节看似随意，其实别出心裁，一方面让学生加深了对电磁感应知识的探究理解，另一方面让学生明白有关的物理规律的灵活运用。

平日里，我们大多可能就是为上课而上课，有时心有余而力不足，所以指导老师的这一课，带给我很多的反思。这是一堂高效的物理复习课，教师条理清晰的课堂思路与娴熟的授课技能，引领学生在本不生动有趣的内容中愉快地学习——这就是一位物理教师能力水平的体现，这就是一位优秀教师的魅力所在。

一个星期的时间匆匆而过，每天形影不离的学员们凝结了深厚的友谊。这段学习经历是我教育生涯中最难忘、最珍贵的一段记忆。在今后的学习工作中，我要不断学习、充实、进步，真正成为一名优秀的人民教师。

特色活动，更新理念

广东省江门市礼乐中学　余显真

为期一个星期的跟岗学习活动已经完满结束了。虽然学习时间不长，但通过这次学习，我还是从中感悟到了一种与自己平时教学不一样的、先进的教学理念，这些理念肯定会对自己以后教学工作的进步产生非常积极的影响。我的指导老师是徐辉老师，他是广州市南沙第一中学的特级物理教师，也是一位国家级名教师。能够得到徐老师的指导是我的荣幸。

我们十分有幸来到广州市南沙第一中学进行跟岗学习。学校在生活及学习上都给予了我们极大的帮助，我们全体学员都对南沙第一中学的领导和全体师生怀有一份强烈且由衷的感谢！我从徐辉老师及其他指导老师身上也学到了很多对提高教学质量很有帮助的东西。他们对教学大纲的把握，课堂教学的合理设计，教学辅助器材的运用，语言表达的技巧，师生间教与学的互动的娴熟，板书设计的构思以及课堂练习的合理编排等，都值得我们去认真揣摩。在今后的工作中，我会继续努力。最后，感谢江海区教育局与广州市南沙第一中学给我们安排了这次跟岗学习，并高度重视我们此次的学习，为我们创造了良好的学习环境，让我们能够接触一线优秀教师、优秀学生。相信这次的学习会对我今后的课堂教学有非常重要的意义。

特色培训，满载而归

广东省江门市外海中学　黄深华

2014 年 3 月，我们一行七人跟岗学习的学员，来到了广州市南沙第一中学，还没进入学校，就感受到了学校的热情接待——徐辉老师和黎丽娟老师帮我们预定好了宾馆，安排好了衣食住行。

匆忙而又充实的日子总是过得很快，不知不觉中，来南沙跟岗学习一星期了。这一周来，我们聆听了六位老师的课，七位学员各上了一节课。本次跟岗学习的主要任务是教学实践活动，大家都得到了实实在在的锻炼。在此过程中，徐辉老师给予了我们精心的指导。我们庆幸遇到了徐辉老师，他学识渊博，为人谦逊，和蔼可亲，平易近人，没有一点架子。他认真地听了每节课，课后和我们一起评课。他真诚地指出我们课堂教学的不足之处，并提出修改意见。每听完一节课我都会由衷地感叹："原来物理课还可以这样上啊！"在这里听课是一种艺术般的享受。

通过这次跟岗学习，我对课堂教学有了更深刻的体会和认识，陈旧的教学观念有所转变，教学能力得到了切切实实的提高，这是最令我开心的。当然，这一切也要归功于热心的、团结的同伴们，是他们给了我信心，给了我勇气，给了我无私的帮助，使我顺利地完成了学习任务。同时，我更要感谢徐辉老师，他每天都忙前忙后，为我们提供全方位的指导，不但为我们提供了学习、研究、备课、上课所需要的条件，更时时给予我们鼓励和指导，是一位尽职尽责的指导老师。

能参加这次跟岗学习对我来说是教学生涯中一次极其难得的机会，我是非常珍惜的。通过理论学习，我的思想觉悟和理论水平都有了较大提高。而且这次跟岗学习更是提高自己实践能力的绝佳机会，所以我非常珍惜这次跟岗学习的每一天。每听一节课，我都专心听讲并认真做好听课记录，晚上有空时写写课堂观后感，分析他们课堂教学的成功之处，汲取他们的成功经验，反思自己与他们的差距。这样，从各位学员身上我学到了很多成功的教学经验，也更清楚地认识到了自己的不足之处，明白了自己努力的方向。在和广州市南沙第一中学教师的交流学习中，我感受到了浓浓的教育科研气氛，分享了他们优秀的教育科研成果，学习了他们先进的教育科研经验，受益匪浅。这次学习，我最大的收获莫过于教学能力的提高。经过这次磨炼，我钻研教材的能力、教学设计的能力、课件制作的能力、课堂教学的能力等都有了较大的提高。

总之，这次跟岗学习我每天都学有所得，真的是满载而归。感谢江海区教育局给我这个学习的机会，感谢指导老师——徐辉老师的指导，感谢同伴们对我的帮助和支持。

3. 2015 年广东省物理骨干教师跟岗学习的收获与感悟

理论充电，提升能力

广东省深圳市第二高级中学　陈军

2015 年 4 月 26 日，我们一行 46 位初高中物理教师再次聚首华南师范大学大学城校区。按广东省骨干教师培训计划，进行为期四天的第四阶段总结交流。现就我们学习的点点滴滴做以下总结。

跟岗学习的导师是特级教师徐辉，在他那里，我们不仅亲眼见到了他的课堂，更重要的是体会到了一位特级教师是怎样"炼成"的。他的谦逊、随和、渊博的学识、严谨的态度、教学研究的深度，特别是高尚的师德都深深地打动了我们每一位学员的心。

在此次培训前，我也是工作十多年的、自认为教学能力还不错的物理教师。通过培训，我发现我再也不能做井底之蛙了。我还有许多的不足，还有很大的提升空间。

记得张军朋教授讲课时说："写教学论文不一定能成为名师，不写教学论文一定不能成为名师。"其实，写论文只是一种形式，更多的是需要进行教学研究，而"科研反映你对本学科清楚不清楚。教学没有科研作为底子，就是一个没有观点的教育，没有灵魂的教育"。教研与教学不矛盾，恰恰是教研才能改进教学，促进教学。既然我们选择了教师这个职业，就应该做"有灵魂的教育"，追求成为名师。

骨干教师培训结束了，我希望这不是我们学习的结束，而是走向三尺讲台的重新开始。

引导思考，启发思维

广东省佛山市第二中学 张昭欢

通过听课、评课、讲座，我见识了真正的名师风采。徐辉老师通过座谈会的形式，介绍了他的成长历程、写作历程。我深深地体会到一名优秀教师的灵魂、素质、风采、品位，就是要具有高尚的师德、高深的学问、高超的教学能力和教研能力。

通过徐辉老师的示范课，我领略了他高超的教学能力：课堂上，徐辉老师通过一个个问题，引导学生思考，这些问题环环相扣，丝丝相连，徐辉老师带着学生通过问题把一个个难点破解。说实话，要说把知识点讲解得这么全面，引申得这么深广，我自认为通过自己的"滔滔讲"也能做得八九不离十，但是徐辉老师却是通过一个个问题，引导学生思考，启发学生思维，课堂显得那么自然、流畅，水到渠成。一对比，才知道自己的差距：我是在教学生知识、方法，而徐辉老师是在引导学生思考，启发学生思维。这是我学习的最大体会。

总结反思，专业成长

广东省清远市英德市第二中学　邓启创

1. 学会反思

为什么人与人之间会有这么大的差距呢？有一位专家写道："经验型—学者型。"横线上写着"反思"二字。教师每天都在教育阵地的前沿工作，有着广阔的实践基地，却缺乏思考。如果教师平时不善于总结反思，不善于发现问题、分析问题及解决问题，长年累月，只能是原地踏步。教师只有善于反思，才能在实践中发现问题、分析问题的成因、寻找解决问题的方法，不断地超越自己，成长为理性的学者型教师，促进学生的成长和自身的专业成长。

2. 培养阅读习惯，持之以恒

只有读书，有选择地读书，才能博识，才能在迷茫时找到方向，在痛苦时汲取力量，在浮华喧嚣中保持一份宁静。

3. 转变观念意识

现代化的教育不是精英教育、选拔教育，其内容和要求应该是基础的、有限的和具有发展性的，不能任意扩大、拔高；学校教育不是终结性教育，要给学生全面而丰富的发展留有充分的时间和空间，应有利于学生自主、多样、持续地发展。

转变观念，改进教学

广东省茂名市电白区电海中学　林瑞其

十五天的跟岗学习使我充分认识到要成为一名优秀教师，我必须不断学习新的教学理念，提高课堂教学设计水平和教育教学技能。由于追求升学率，我们的观念尚未转变，在课堂教学中仍偏爱传统的教学模式，只看到传统教学模式的优点(如重视知识的传授)，忽视学生创造实践能力和科学方法的培养。所以，我们必须从教学理念和课堂教学设计方面进一步改进我们的课堂教学。

观念洗礼，增长技艺

广东省汕尾市城区捷胜文昌中学 林位彬

十五天的跟岗学习，我以昂扬的斗志投入学习：在参与中学习，在互动中学习，在交流中学习；积极向导师徐辉老师学习，学习徐辉老师的自强不息、敬业爱岗，学习徐辉老师精湛的教学技能，亲身感受了他平易近人的处世态度和无微不至的关怀照顾；向广州市南沙第一中学的其他教师学习，学习他们的严谨治学；向同伴学习，取长补短，不断进步；向书本学习，在阅读中沉思、成长；向来工作室讲课的教师虚心取经，学习开展课题研究的技巧，并在导师的指导下，完成了精品课程的研发和自己的课题研究开题报告、论文撰写。

十五天的跟岗学习，我在教育教学、教育科研、专业素养、阅读提升等方面都有了很多收获，既收获了知识和方法，也收获了智慧和友谊。

十五天的跟岗学习，对我既有观念的洗礼，也有理论的提高；既有知识的积淀，也有教学技艺的增长。我会把今天学到的东西融入今后的教学中，毫不保留地把知识传授给学生。

充实而有意义的跟岗学习结束了，但作为一名汕尾名师的培养对象，我将以"路漫漫其修远兮，吾将上下而求索"的姿态行进在教学教研的征途中。

合作学习，共同成长

广东省云浮市新兴县第一中学 赵毅

我很庆幸有机会来到广州市南沙第一中学徐辉老师的名师工作室参加为期十五天的跟岗学习。在这段时间里，我聆听了徐辉老师和彭晓春老师的专题讲座，听了好几位优秀的高级教师的公开示范课，学习到了很多先进的教育理念和教学经验。我将自己的收获进行如下总结。

第一，要成为一名优秀的教师，必须不断地学习。新课程对教师的要求越来越高，要求教师要专业化发展，要学习新课程理论，转变教学观念，改革课堂结构，加强教学基本功训练，不断提高自己的教学素养。而所有这些，都离不开学习，我们要学习新课程理论，用新课程理论来指导我们的教学实践，要把新的理念渗透到所有的教育教学实践中去，做一名新课程理念的忠实践行者。

第二，要转变教学观念，做新课程忠实的实践者，高效课堂的倡导者。通过这段时间所听取的讲座、示范课以及自己上课，我认识到传统教学与新课标教学的不同。在传统教学中，教师在讲台上讲的滔滔不绝，很少顾及学生的感受。而现在，我们需要转变自己的教学观念，转变自己的角色，提倡课堂教学的高效性。特别是在物理课堂教学中，我们要引导学生通过实验探究的方法认识物理规律，要注重与学生的交流讨论，要把课堂还给学生，让学生成为课堂的主人。新课程的核心理念是"一切为了学生的发展"。所以，我们不能急功近利，要为学生的终身发展打下坚实的基础，提高学生的创新意识。

第三，合作学习，共同成长。在十五天的学习过程中，全体学员合作学习，共同成长，成为一个亲密和谐的大家庭。学员之间、师生之间相互学习、取长补短，结下了深厚的友谊。培训结束也是我们合作的新的开始。这样的良好氛围使我们的学习变得更加有趣和有效。我们进行最多的活动就是看活动、评价、讨论，这是一个非常好的学习方式。这种方式让我们将问题上升到理论层面，再让这些总结后的理论来指导我们工作，帮助我们成长。

示范引领，效果显著

广东省汕尾市陆河县水唇中学　林奇标

按照学习计划，我们多次参加听课、评课活动。在活动中，我对课堂教学又有了新的认识。

教师要锻炼自己的表达能力，要有激情，能感染学生，语言表达要精练、言简意赅，陈国辉老师这种特质就非常明显。交代物理条件，提出物理问题，解释物理现象，分析物理过程都要清晰、明了、严密，逻辑性强，思维不要跳跃，课堂上教师要做好示范。教师的一举一动都是学生学习的榜样，教师规范作图，学生也必定会规范作图。李洁老师在讲"力的合成"时，耐心细致的作图，给我们留下了深刻的印象。

教师要注意调动学生，无论是学生练习，还是课堂提问，都要按照新的教育理念，真正以学生为中心，将时间还给学生，将讲堂变成学堂，真正让学生手、口、脑都动起来。徐辉老师提出问题后都会引导学生先思考，再回答出结果，让学生思维真正动起来。

教师要学会使用先进的教学手段，如合理使用多媒体、实物投影仪等，有效地进行课堂教学。陈宏锋老师这一点表现得非常突出。

教师备课要细致，要有思想、有逻辑，教师所选的例题、图片等素材要准确地传递教师的信息，表达教师想要表达的意思。彭晓春老师讲课时注意到了这一点。

学生出现的问题是最好的课堂资源，要充分重视和利用。一些规范问题一定要细致点评，帮助学生形成好的习惯。徐辉老师多次用实物投影仪展示学生练习的作业或是图画，然后点评，既生动又直观。

4.2016 年广东省物理骨干教师跟岗学习的收获与感悟

更新理念，指引方向

广东省湛江市第七中学 官巧英

在这十几天的学习中，徐辉老师让我们观摩和听取工作室成员的各种课堂教学课型，构建自己的教学风格，进行同课异构，通过共同探讨、共同参与评课、撰写反思、听取专家讲座等多种活动，促进我们进步，我们共同切磋教学教法，交流经验，大家相识相知，彼此都深深地感受到了每个人所具有的专业素养。工作室主持人徐辉老师不仅学识渊博，教育教学水平高，为人也很热情，是一位慈善的长者。在这十几天的相处中我从他身上学到了很多，不仅是课堂教学的思想方法，还有他工作的热情，做人的低调实在。在跟岗学习期间，我充实并快乐着，因为人生多了一些追求。此次跟岗学习的感触如下。

自己的教学理念在不断更新。在知识经济时代，信息技术在教育领域被广泛运用，教师要不断学习先进的教学理念并勇于实践，在自己的教学实践中不断总结、反思，及时提升自己的教学经验。以教师为本的观念应当转为以学生为本，让学生成为课堂的主角，充分相信学生，积极评价学生。教师是学生学习行为的组织者、引导者、支援者。学生是课堂行为的主要发生者，要努力去构建真正的学习型课堂，教学中争取把课堂交给学生、把空间留给学生、把时间还给学生、把精彩让给学生。这一点对我校的学生来说有一定的困难，需要教师不断地去调控、去尝试，总结一些可行的方法。

专家的讲座指引了我个人专业发展方向。在跟岗学习期间，我们全体学员听取了专家讲座(包括徐辉老师成长之路)，专家们阐述了自己对专业发展的体会，让我见识了名校名师的风采，听了他们的成长经历，我深感自己学识的单薄和教研能力的欠缺。专家的讲座让我对怎样做教师有了更深刻的感悟：怎样做有魅力的教师？怎样做反思型的教师？怎样做研究型的教师？没有撼动就不知道觉醒，没有反思就不会有进步。深思之后，我也更加明确了自己的个人专业发展方向。作为教师，在以后的成长中我需要多研读教育教学的著作，坚持积累，勤于思考，敢于实践，做教育教学上真正的思考者和实践者。珍惜每一次学习的机会，多交流、多讨论、多听课，吸取他人的优点，弥补自己的不足。利用培训的机会，努力向专家、名师学习，使自己的教学方式、方法有更大的进步。把学、思、行、研四者结合起来，形成自己的教学风格，走出自己的教研之路。勇于担当起学科带头人的重任，在培养年轻教师工作上尽心尽力，培养好科组的团队精神。

最后，衷心地感谢工作室的老师们，感谢全体学员，让我能够深入课堂，学习你们各具特色的教学模式，我会以你们为榜样，不断地学习、成长！

感触颇深，收获颇丰

广东省惠州市第三中学 黎少珍

很荣幸成为特级教师徐辉名师工作室的第二批学员，我很珍惜这次的学习机会。跟岗学习虽然只有短短的 13 天，但在广州市南沙第一中学的所见、所闻、所学，让我收获颇丰，同时也感触颇深。

徐辉老师给我们介绍了自身教师专业成长的经历。教师的成长要读书，读教材、读教学研究方面的书刊。教师要听课，听老教师的课，还要反复听自己的课。教师要善于反思，勤于动笔，而且要坚持不懈。徐辉老师在物理教学方面的深入研究让我惊讶，更让我敬佩不已。他为人亲切和蔼，教学踏实严谨，真不愧是"学高为师，德高为范"。

徐辉老师说：课堂教学要从孩子们真正的学习需要出发，教师不能自己在讲台上讲得滔滔不绝，全然不顾孩子们的感受。一句话，自己要转变观念、转变角色，把课堂还给学生。

徐辉老师还说：教师要善于反思，善于发现，勤于动笔，更要坚持不懈，使自己不断向理想的教师靠近。

短暂的跟岗学习结束了，我的感触颇多。徐辉老师的"每日三问，自省悟身"会不断鞭策我成长进步。

新的认识，新的追求

广东省珠海市第一中学 刘俊纯

为期 13 天的骨干教师跟岗实习工作已经结束。这次学习内容丰富，形式多样，有专家讲座、听课评课、授课实践等。在徐辉老师的充分指导下，我们与广州市南沙第一中学的教师进行了多种形式的互动交流，我虚心向导师及同行学习，进行教学理论和实践的不断提升，圆满完成跟岗学习任务。

1. 对如何做一名优秀教师有了新的认识和追求

徐辉导师给我们安排了物理教学专家开设的专题讲座学习，以及前期骨干教师培训成果展示。专家和同行们的传经送宝，为我从长远角度进行专业发展提供了明确的思路和努力方向，徐辉导师更是详细阐述了一名优秀教师所必须具备的品质——四高，即要有高尚的师德、高深的学问、高超的教学能力、高超的科研能力。新时代的教师应该是教育研究者和实践者，而不能仅仅是个教书匠。我们一定要不断提高教师修养及教育能力，要多关注教学杂志，多听名师的课，多听自己的课，努力提高课堂教学能力；要勤思考，勤写作，将在日常教学中发现的问题及突然的思想火花记录下来，积极寻求解决问题的途径，进而提升教育科研能力。

2. 对课堂教学有了新的认识和追求

学习期间，我们听了很多节课，参与了不同风格课型的互评。徐辉老师强调了复习课要重视核心概念的辨析，重视审题方法、解题方法的指导，并且强调了高一学生习题教学的示范性，让我受益匪浅。我也上了一节汇报课，得到了导师的具体指导，所有这些，对我今后的教学都会很有帮助。

精神盛宴，受益匪浅

广东省惠州市实验中学　吴晓鸿

6月13日徐辉老师给我们介绍了广州市南沙第一中学的办学理念和办学特色，让我们14位跟岗教师相互了解，学习了工作室的工作方案及制度，落实了跟岗计划。徐辉老师从个人经历出发鼓励大家多学、多问，勤写文章，使我真正了解了"要想给学生一碗水，自己得有一桶水"这句话。徐辉老师娓娓道来，像讲故事一样跟大家分享了自己多年的教学经验，可见要想教会教好学生，教师真的得有"一桶水"。下午听了徐辉老师的示范课"机械能守恒定律的应用"，到底是大师，从教学设计到总结，环环相扣，十分严谨；试题选取简单精练，层层递进；课堂讲解思路清晰，要点明确。我受益匪浅，"亲其师信其道"，教师还要从人格魅力上去感染学生。

十几天的跟岗学习，我感悟很多。

1. 教育不是灌输，而是唤醒

教师们很好地贯彻了这样的思想，课堂上以问题为引领，去点燃学生思考的热情，值得我学习

2. 真正热爱教育才能做好教育

无论是几位年轻教师，还是功成名就的徐辉老师，都充满了对教育的热情。扪心自问，我对教育的热情有多少呢？是的，我也热爱教育，但是远远不够，这次学习唤醒了我内心对教育的无比热爱。

3. 教育教学观念的调整

学习之后，我的课堂将由传统课堂，走向问题式课堂，因为问题式课堂是符合学生学习与认知规律的课堂。

名师引导，转变观念

广东省惠来县慈云实验中学　谢泽发

十几天的跟岗学习中，徐辉老师为了学员的成长，倾注了大量的精力，安排我们观摩各种课型，进行授课实践，参与评课与撰写教学反思，组织我们参加各种讲座，让我们与专家面对面交流，与其他学员共同研究教学教法等。

学习期间，我们听了很多节课和讲座，对课堂教学有了新的认识。徐辉老师的复习课重视对核心概念的辨析，重视对审题方法、解题方法的指导，整节课都是在教师的指引下由学生自己发表观点、总结方法，效果很好；其他学员的概念课、复习课、科普课等各种课型都非常精彩，新课程理念都被教师们演绎得淋漓尽致，教学风格各异，同一个课，教师们使用不同的教学方法，让我大开眼界，让我真正感受到什么是艺术课堂。所有这些使我对课堂教学有了更多认识，原来复习课、概念课还可以这样上，对我今后的教学很有帮助。

要转变教学观念，做新课程忠实的实践者，高效课堂的倡导者。通过这段时间听取的讲座、示范课及自己上课，我认识到传统教学与新课标教学的不同。在传统教学中，教师经常是满堂灌，不顾学生的感受。

现在我们要转变教学观念，转变自己的角色，提高课堂的效率。在教学中，我们要引导学生通过实验探究认识物理规律，要注重与学生的交流讨论，注重学生的感受，要把课堂还给学生。我们不能急功近利，要为学生的发展打下坚实基础，提高学生的创新意识。

深刻反思，注重实践

广东省高州市第一中学　袁桂周

　　2016 年 6 月我非常幸运地走进广州市南沙第一中学特级教师徐辉名师工作室和来自省内其他地区的学员共同跟岗学习了 13 天。这 13 天我紧张而又充实，感触良多，收获丰富。

　　徐辉老师是位非常值得尊敬和学习的特级教师。课堂外，他十分注重个人专业水平的提升，坚持阅读有关的教育杂志进行专业研究；坚持做读书笔记积累资料；坚持动笔写作，将工作中的感悟以论文形式整理发表。他鼓励我们要多听课，课后写反思，并多与同行讨论、共同提高；还鼓励我们要多互相评课，让自己迅速提升业务能力。课堂内，他放下架子虚心向优秀学生学习，建立和谐的教学氛围。徐辉老师因材施教，尊重学生的认知实际，精心编写具有强针对性的导学案，深受学生的欢迎。

　　徐辉老师甘为人梯的奉献精神和追求卓越的钻研精神，让我深感震撼。无疑，他是我们学习的榜样。

　　跟岗学习中，我不断地自我反思，找差距。我要从身边的点滴做起，在实践中不断总结成功的经验和教训，大胆创新；把新的理念渗透到所有的教育教学中去，提高自我教学素养，争做一名优秀的骨干教师。

　　13 天的时间对于我整个教师生涯来说，是十分短暂的，但是如果能将这些意识带回到自己的工作岗位中，并不断地学习，持之以恒地实施，我想意义又是十分深远的。徐辉老师在我们跟岗学习中多次提倡我们要坚持走骨干教师的专业发展之路，并向我们提出殷切的期望，希望我们做一个"会教书""会写文章""会做课题"的教师。我决定不断充实自己，做一个教育事业上的有心人，每天前进一小步。

5. 2017年广东省物理骨干教师跟岗学习的收获与感悟

名师教诲，提升能力

广东省珠海市北京师范大学(珠海)附属高级中学 周后升

2017年10月16日我怀着一种敬仰的心情来到了广东省徐辉名师工作室进行为期15天的跟岗学习。在这忙碌而充实的15天里，我听了广州市南沙第一中学和广州外国语学校共五位精英教师的示范课，还听了六位跟岗教师的常规课和录像示范课，也听了徐辉老师精彩的竞赛辅导课，并做了满满一本子的听课记录，还有徐辉老师及各位同人的精彩点评。我自己也上了两节公开课，聆听了徐辉老师有针对性的课后点评及各位同人的意见，并做了详细的记录，写下了相关的教学反思和随笔。在这段跟岗学习时间内，我还积极给自己充电，阅读了一本书，写了一些读书笔记……收获颇多。

初来广州市南沙第一中学，其包容、广博、积极上进的"海洋文化，红棉精神"吸引着我，更有工作室主持人徐辉老师独特的人格魅力感染着我。徐辉教师和蔼可亲，为人热情，是一位慈善的长者，更是一位学识渊博、教育教学水平极高的好导师。课堂外，他是学校的领导，每天有繁忙的行政工作需要处理，但他更注重个人专业修养水平的提升，其办公室陈列着各种教育教学著作，他还给了我们每人一本他的著作《怎样上好物理课》。课堂内，他字正腔圆、行云流水地教学，融洽和谐的气氛感染着每一个同学，他因材施教，尊重学生的认知规律，难易适中地编写具有针对性的导学案，深受学生的欢迎。从他的身上我学到了，低调地做人，热情地工作，用心地学习，不忘初心，你才可能卓越！

跟随名师，与优秀同伴同行，我反思今后的专业发展方向：立足做好每节课、每个学期、每个学年的教育教学工作，脚踏实地才能放眼未来，学会总结与反思。我制订了自己的专业发展计划：①进一步加强基础能力的提升，如教学能力、表达能力等；②进一步加强职业能力的提升，如运用现代信息技术的能力、组织管理能力等；③加强拓展能力（如教育科研能力）的提升，在论文写作、著作出版、课题研究等方面我还需加倍努力！

提升能力，受益匪浅

广东省佛冈县第一中学　冯高强

2017年非常有幸能参加省级骨干教师培训，在跟岗学习环节中更是幸运地来到广州市南沙第一中学跟徐辉老师学习。徐辉老师雷厉风行的做事作风，严谨务实的研究精神，给我留下了深刻的印象。

在跟岗学习的过程中听课近20节，上课两节。跟岗学习后感觉受益匪浅，在教学能力上进步很大。

我们除了在教学上得到徐辉老师的指导外，在研究方面也学习了很多东西，对我们帮助很大。徐辉老师给我们分享了很多他做研究的经验和心得，并提醒我们在研究上要注意的问题，避免走弯路，做无用功。

遗憾的地方是由于时间太紧了，还有太多我们迫切需要的知识没有来得及向徐辉老师学习。

名师风采，引领成长

广东省东莞市石龙中学　李立辉

在这十几天里，我领略了特级教师、省名师工作室主持人徐辉老师的风采，并通过他的言传身教，我在教育教学理论、课堂教学能力和教学科研能力等方面都有了很大的提高。

跟岗学习期间我听了徐辉老师竞赛班的课——"第二讲　匀变速直线运动规律及应用"。徐辉老师原来在湖北省黄冈中学是物理竞赛的教练，教出了多位国家一等奖及国际金奖学生，成绩突出。我从他身上，了解到名校的竞赛成绩是怎么锤炼出来的，学生从初三暑假就开始45

天的高强度训练，把数学、物理、化学、生物的高中内容全部上完，进入高一就开始每周两次的专题训练；高二暑假就上大学的物理课程，然后是高强度的综合训练。广州市南沙第一中学生源水平一般，徐辉老师搞了一个简化版的竞赛提高班，以《高考·奥赛·自主招生对接》为基本教材，结合自己编的一份练习题，进行上课与练习训练。

徐辉老师这节课，复习了匀变速直线运动的规律、推论及分析方法，复习了自由落体运动、竖直上抛运动、相对运动及相遇与追击问题，内容虽然很多，但是，徐辉老师的讲解条理清晰，逻辑紧密，步步推进，转折过渡自然，节奏合理，不会感觉理解接受困难。从他身上，我感受到一名特级教师对知识和课堂掌控的实力，这份实力源于多年孜孜不倦的耕耘。

经过听课评课活动后，在徐辉老师的指导下，在其他学员的共同研讨帮助下，我也上了两节公开课，其中一节高三复习课"功能关系"是录像公开课，取得了良好的教学效果，并得到了徐辉老师的肯定。通过上公开课，我大大提升了自己的信心，受益匪浅。

徐辉老师送给每位学员一本他编著的《怎样上好物理课》。这本书从概念课、规律课到习题课、活动课等，全面细致地对每种课型做了深入分析，并都附有案例，理论和实践相结合，对我们的指导非常有效。通过认真研读这本书，我对上好物理课有了新的感悟。

在学习的过程中，学员们在生活上互相帮助，每天一起听课、评课、上课，互相学习、共同进步，结下了深厚的情谊。在与徐辉老师朝夕相处的过程中，我被徐老师高尚的教育情怀、精湛的教育教学艺术、个人的人格魅力所折服，真真切切地感受到了自己与专家型教师的差距，这位名师的风采，引领我今后的成长。

提高认识，开阔视野

广东省新兴县惠能中学 张玉发

本轮跟岗学习活动的实践基地设在广州市南沙第一中学，跟岗培训项目负责人是广东省名师工作室的徐辉老师。培训期间，我全面参与工作室学习工作计划的每一个环节，包括参与集体备课、双向听课、说课评课、教学案例分析、课题研究和专题讲座、外校（广州外国语学校）交流活动等，多角度、全方位地参与教、学、研实践活动全过程，增长了见闻，提高了认识，开阔了视野，建立了友谊，增强了服务教育事业的紧迫感和使命感。

通过观摩徐辉老师的授课、点评课和听讲座等形式，我深深体会到徐辉老师对教育事业的热爱和干事创业的执着追求精神及其独特的个人魅力，徐辉老师豁达勤勉、敬业爱岗、精益求精、学无止境、无私奉献的精神激励着我不断超越自我、毅然前行，向成为广东省优秀骨干教师而努力奋斗。

此外，在与其他学员的交流学习中，我在教学实践基本技能、课堂设置、课程内容选择策略、课堂管理、课堂教学针对性和有效性等方面都有了不同程度的提高。同时，收获了情谊，增长了教育认知，明确了专业发展方向，提升了教育实践能力。

名师指导，受益匪浅

广东省吴川市第三中学　李志勇

在跟岗学习的过程中听课近 20 节，其中包含广州市南沙第一中学的名师高三复习课、广州外国语学校的同课异构课、跟岗学员们的特色课等；并上课两节，几乎每节课都得到徐辉老师认真详细地点评，指出我们课堂中存在的问题，并鼓励我们进步，用徐辉老师的话说就是"教师应该永远在路上，没有最好，只有更好"。这些都使我受益匪浅，在教学能力上取得很大的进步。相信这十几天的培训将成为我教学能力的新转折点。

研究能力是我们自身教学水平、能力的升华体现。我们除了在教学上得到徐辉老师的指导外，在研究方面也学习了很多东西，对我们有很大的帮助。徐辉老师给我们分享了很多他做研究的经验和心得，并提醒我们在研究上要注意的问题，避免走弯路，做无用功。同时也请了增城区教研室徐海元主任为我们专门开设讲座，传经送宝。通过这次跟岗学习，我们的教研能力得到进一步的提升，视野得到进一步的开阔。

名家魅力，引领成长

广东省汕头市潮南区两英中学 罗永兵

2017 年 10 月 16 日，我到广东省徐辉名师工作室跟岗学习。

1. 跟岗学习做了什么

①认真学习、听取了徐辉老师给高一物理兴趣班上的一节辅导课。

②每个学员认真上了两节高三复习课，每节课都得到了徐辉老师的悉心指导与精辟点评。

③到广州外国语学校参加听课、评课活动。认真学习、听取了两节高三物理对比课。

④与增城区教研室徐海元主任关于教师成长问题做了深入交流。

⑤积极参加教学研讨活动，虚心向指导老师学习，积极听取指导老师的意见、建议。听评课不少于 15 节，上课不少于两节。积极撰写课例，认真设计，仔细校对，圆满出色地完成了录播课，获得了徐辉老师的高度肯定和好评。

2. 跟岗学习学到了什么

①从徐辉老师身上学到了精益求精、一丝不苟、严谨执教的工作态度，分工明确、兢兢业业、和蔼可亲的领导风范。

②从徐海元主任身上领悟到了教师成长的方向、途径与方法。

③从各位学员身上领悟到了如果作为学校领导层该如何为学校献言献策，做个好领导；如何做好本职工作；如何自我提升、自我成长。

3. 跟岗培训的深刻体会

①通过这次跟岗学习，一是思想认识上的充电，二是教学方式的更新，三是教学理念的改变。

②通过这次跟岗学习，发现不同学校管理模式的优缺点，结合我校

实际，对我校的管理做出适当调整。

③培养了不少年轻有为的学员，为学员以后更好更快的发展，提供了有力的理论与思想储备。

四、广东省高中物理徐辉名师工作室工作总结

广东省高中物理徐辉名师工作室工作总结

广东第二师范学院　　李爽

广州市南沙第一中学　　黎丽娟

根据广东省教育厅《关于开展广东省中小学骨干教师省级培训工作的通知》的要求，在华南师范大学基础教育培训与研究院的具体指导下，在广州市南沙区教育局及广州市南沙第一中学的支持下，徐辉工作室圆满完成了多批省、市骨干教师跟岗学习工作。

在几次的省骨干教师跟岗学习活动中，工作室为来自不同地市高中物理学科的省骨干教师开展了内容丰富、形式多样的教育教学和研究活动；先后组织教育教学、教育研究、命题策略等专题讲座，教研组建设、教与学方式转变等专题研究；组织观摩工作室主持人、成员示范课、公开课以及教与学方式转变研究展示课；组织学员上同题异构研究课、汇报课；开展读书活动，撰写读书笔记、学习心得、教学反思；组织各类评课和学习交流活动；组织学员参观广州市南沙区百万葵园、湿地公园、蕉门河公园；组织学员和广州市南沙第一中学教师进行丰富多彩的文艺、体育活动等。骨干教师们深入了解并积极实践"教与学方式转变"的先进理念，提高了师德水平、业务素养和研究能力，增进了对省内各地区教育及物理教学教研的相互了解，实现了工作室学员、成员、研修人员以及参加工作室活动的教师共同发展的优良效果。

1. 加强教师职业道德教育，重塑教师教育理想

在跟岗学习期间，工作室主持人徐辉老师为跟岗学员做了一个主题为"继续学习，提高自身素质，做一名优秀的人民教师"的专题讲座。徐辉老师首先从自己的个人学习、工作经历谈起，一下子拉近了师生之间

的距离。徐辉老师的真情实感深深地打动了在座的每位学员。当讲到"教师、职业、事业"部分时,徐辉老师对教师这一职业的深刻认识以及深深的热爱之情,给了大家深深的启迪。来自梅州的李阳华老师在博客中这样说:"徐辉老师是我们的导师,不管是在教育教学工作中,还是生活中的点点滴滴,我们都能感受到他对教育的执着和热爱,感受到他那份热情和追求以及持之以恒的态度。这就是我最大的收获。作为一个工作在山区中学的教师,我深深地感到自己在工作中存在很多的不足之处。"

通过这次讲座,学员们对徐辉老师有了更深入的了解,都被他渊博的学识、严谨的态度、高尚的师德深深折服。广州市南沙第一中学的学员黎丽娟老师听完讲座后在博客中写道:"在20天的时间里,我们感受到了徐辉老师踏实严谨的工作作风,卓有成效的工作效率;亲身感受了徐老师平易近人的处世态度和无微不至的关怀照顾。有这样一位名师在我们广州市南沙第一中学当带头人,真是我们广州市南沙第一中学的宝贵财富。"

马北河老师在学习结业典礼上作为代表发言,他动情地讲道:"在20天的跟岗学习过程中,我们时时感受到徐辉老师身上坚定而又质朴的职业操守。尤其在听了徐辉老师'继续学习,提高自身素质,做一名优秀的人民教师'讲座后,我们对职业操守有了新思考。徐老师传授给我们的不仅仅是先进的教育教学方法,更多的是一个坚定的职业信仰:对于教育事业的无比热爱是我们提高学生、成长自己的基石。""感谢徐辉老师的悉心指导,虽然接触时间不长,但是我们都被他的人格魅力深深吸引了,他对教育研究的严谨与细致,对同事和学员的关心与照顾,对人生的负责与豁达,对教育理想的执着和坚持,都是为人为师的典范。"

2. 开展读书活动,提高学员教育教学理论水平

学习期间,工作室统一规定学员阅读工作室主持人徐辉老师组织编写的《高中物理解题方法与技巧》一书。此外,工作室还向学员提供了

50 册教育教学、学科理论书籍，受到学员热烈欢迎。其间，工作室还组织读书心得交流活动，大家一起畅谈感受、交流思想，扩大了读书的效果。通过读书活动，学员开阔了教育视野，提高了学科理论水平。

学员李阳华老师的读书感言——

两天的休息让人清爽了不少。一个星期的历程，让我在自己的人生路上又懂得了不少道理，真是常说：行万里路，读万卷书。

我们不要求去懂量子力学的细节和里面高深尖的数学物理方程，但现代物理学的一些基本思想和概念我们应该了解。这就好比一个古典音乐爱好者，尽管不会拉小提琴，也看不懂乐谱，但贝多芬和莫扎特小提琴协奏曲的主题还是能听懂的，并与之共鸣。

在物理教学中，充分发挥物理学科的美，引导学生学会欣赏物理学中的科学美，为他们营造快乐、轻松的学习情境，对于激发他们的学习兴趣，进而提高物理课程教与学的效率，是十分必要的。

马克思说过："社会的进步，就是人类对美的追求的结晶。"让我们在物理教学中不断去追求、发现、渗透更多的美。

3. 开展各类教育教学讲座及研讨，提高学员理论修养

工作室主持人徐辉老师先后给学员做了两场专题讲座："继续学习，提高自身素质，做一名优秀的人民教师""关于上课、听课与评课的一些思考"。徐辉老师跟大家一起分享了新课程改革的理解和感悟，并对物理学科的教学与大家共同探讨了三个问题：关于高中物理课程的求真性问题；关于高中物理课程的思想性问题；关于高中物理教学的问题。这些内容给大家带来很多思考和启示。

在"关于上课、听课与评课的一些思考"讲座中，徐辉老师非常善于整合培训资源，讲述了上课、听课、评课几种形式的内涵、区别，自己的研究及收获，让大家进一步提高教育教学的理论水平和实践能力。

广州市南沙第一中学科研处彭主任做了"课题研讨"专题讲座。讲座主要对为什么要做课题、课题如何进行分类、如何进行选题、课题研究

流程是什么、申报书如何编写等几个方面进行了介绍，让学员受益匪浅。

4. 多层面渗透课程改革新理念，推动学员优化教与学方式

徐辉老师给学员们上了一节非常精彩的教学示范课——"判断静摩擦力方向的几种方法"。教学主线是这样设计的：

第一步：让四位学生到黑板前分析物体受摩擦力的方向。题目具体条件如下：静止在斜面上的物体；在一个水平拉力作用下的物体；两个物体叠加在一起，下面物体受一个水平力作用，两个物体一起做匀速运动；两个物体叠加在一起，下面物体受一个水平力作用，两个物体一起做匀加速运动。

第二步：通过上面例题，总结出判断静摩擦力方向的几种方法——由相对滑动趋势直接判断；用假设法判断；用平衡条件来判断；由运动状态判断。

第三步：运用相对滑动趋势来判断自行车、汽车、火车前进时，地面与车轮的主动轮、从动轮的摩擦力的方向。

第四步：运用假设法来判断各个叠加物体摩擦力的方向。

第五步：运用平衡条件来判断各个物体是否受摩擦力影响。

第六步：因时间关系，课后让学生分析站立在自动电梯上的人所受的静摩擦力方向（由运动状态判断）。

这节课显示：徐辉老师不但具有深厚的教学功底，板书、板画美观，同时具有高超的教学技术，组织、引导、激励学生都非常到位。学生积极参与，讲练结合，教学效果非常好。选题典型，难度适中，有梯度，符合学生实际情况。

广州市南沙第一中学物理教研组四位骨干教师分别上了示范课。听后，学员感受良多，受益匪浅。

首先，教师教态自然，思路清晰，语锋犀利，板书工整。在高二（4）班，陈宏锋老师问学生："还有一部分电压跑哪里去了呀？"一句话立刻点醒了"梦中人"，学生顿时醒悟，电阻两端产生电压降，原来电源内

部也有电阻，称之为内阻。真是峰回路转，柳暗花明。

其次，教师对教材熟悉，处理合理，教学充满创造性。邬小伟老师和李洁老师让学生猜测，带着充满激情的语言引导，促进学生自主、自动的学习，令人称道。善于猜想，本身就是物理学科的重要思想形式，在教学行动中去体现这些就是一种创新行为。

最后，教师提问展示了深厚的教学基础。李良慧老师在解决速度变化量的方向时反问了学生一句：速度方向往哪偏，速度的变化量方向就往哪，是不是？随时的一个反问，就像是在学生习惯性思维的平静湖水中投入了一块石头，让人久久不能平静。

通过一系列教与学方式转变的讲座、专题研讨活动和课堂教学实践展示，学员们在随后的研讨课、汇报课中积极尝试，特别是经历一轮研讨课后，汇报课中学员们的教育观念、教学方法以及对学生方法的引导有了非常明显的变化，教与学方式进一步得到优化。

5. 广泛开展上课评课活动，提升教学专业水平

为了提升省级骨干教师的上课（含无生上课）、说课、评课水平，以使骨干教师回到本地区发挥示范和辐射作用，工作室制订了科学、周密的培训计划。

工作室将学员、成员、研修人员分成几个备课小组，让教师们以备课小组为单为进行集体备课，发挥集体力量，通过交流集思广益，提高教师们的教学设计能力和课堂教学效果。

研究课、汇报课要参加集体备课，备课工作由组长负责，也可以利用网络进行备课（讨论、交流）。（教案、课件上课前交主持人确定。）

学员们第一轮的研究课，统一采用同课异构的方式，学员们通过独立思考，相互观摩，课后评课反思，进一步提升教学设计和课堂教学水平。

课后，工作室主持人徐辉老师组织大家开展了重要的评课活动。他认为大家的积极性非常高，准备工作非常认真，呈现出来的教学水平也非常高，教学方法、教学策略、学法各具特色，精彩纷呈，虽然结尾有

一些不完美，环节上有瑕疵，但是从整体构思来看，都非常有思想，都是站在一个比较高的高度统揽全课，体现了教师们较高的教学设计能力和课堂教学水平。

同时，徐辉老师也就之前几位教师在教学过程中出现的一些问题以及如何把握课堂、如何提高教学的有效性提出了一些建议。例如，对学情的了解要到位；对教学内容和物理知识点的取舍要准确；在更新教学观念的前提下教法要灵活；指导学生的学法要多样；物理教学要体现现实性，学以致用，联系现实生活；课堂的拓展提升要有大思维、大局观等。这次评课对学员们触动很大，对后面的课起到了很大的促进作用。

学习结束前的汇报课，可谓精彩纷呈，尽现省骨干教师的教学魅力，并吸引了大批教师前来观摩。教师从教学目标和学生学情出发，注重教授内容的生成与创新，在课程理念、组织教学的方式方法等方面，较之前的研究课有很大转变，学生被推向了前台，课堂变得生机勃勃、充满活力。

6. 务实开展教育专题研究，提高教育科研能力

在学员来工作室学习之前，工作室提前布置任务，要求大家填写"学员信息表"和"教师专业成长规划书"并上交，了解学员教育教学的基本情况和专业发展需求，结合大多数学员的意愿及工作室的期望，制订了各项专题研究计划。

经过一周多的准备，所有跟岗学员的课题确定下来，并做了开题报告。谢纲群的课题为"怎样上好概念课"；詹金锋的课题为"怎样上好规律课"；李阳华的课题为"怎样上好讨论课"；刘奕江的课题为"怎样上好图像课"；梁志平的课题为"怎样上好习题课"；赵建辉的课题为"怎样上好复习课"；杜辉的课题为"怎样上好实验课"；黎丽娟的课题为"怎样上好实验课"；马北河的课题为"怎样上好讲评课"。这些课题，范围小，容易操作，有非常大的推广价值。

工作室通过举办专题讲座渗透当前课程改革的新理念、新教法、新学法，从思想上为学员"开路"。通过工作室主持人及成员的示范课、公

开课，工作室积极展示教与学方式转变研究的收获。通过一系列教与学方式转变的讲座、专题研讨活动和课堂教学实践展示，学员们在随后的研讨课、汇报课中积极尝试，特别是经历一轮研讨课后，汇报课中学员们的教育观念、教学方法以及引导学生的方法有了非常明显的变化。

7. 工作室的各项教学和研究活动，直接促进了学校教育健康发展

在几次的跟岗学习工作中，工作室与学校各项活动相互结合，发挥了相互交流，相互促进的作用。工作室的全部活动向全校开放，并吸引了大量教师参加。例如，工作室主持人和成员的示范课、公开课，省骨干教师的研讨课、汇报课均吸引了大量教师前来听课学习。工作室还和科研处商议，结合跟岗学习计划和学校教师的需求，邀请专家来学校进行专题讲座，学校没有课的教师全部参加。工作室还利用部分跟岗学员学校的资源，组织双方领导进行广泛的教育教学及管理工作的交流等。这些活动直接为学校的发展提供了资源和平台，并有力地促进了学校及教师队伍、教育科研工作的健康发展。

第五章

绽 放

　　在多年的教育教学实践中，我形成了自己的物理教学理念。我坚持素质教育的原则，把培养学生健康独立的人格、敏思好学的精神放在教学目标的首位，形成了"追求卓越、创新发展"的教学理念。

　　在多年的教育教学实践中，我形成了自己的物理教学风格。我不断探求物理教学中的人文性、科学性和规律性，形成了富于个性化的"求真务实、合作探究"的教学风格。

　　在多年的教育教学实践中，我形成了自己的物理教学方法。我认真钻研教材，吃透教学大纲，根据学生的实际，采用灵活多样的教学方法，注重启发式教学，充分发挥学生的主观能动性，培养学生的思维能力和实验能力，形成了"一教、两重、三全、四实"——"一教——教方法""两重——重自主学习、重探究讨论""三全——全员参与、全员合作、全员互动""四实——落实概念的理解、落实规律的应用、落实方法的总结、落实技巧的训练"——的课堂教学方法。这种教学方法，体现了社会发展的需求，人类生存的需求，为人的终身发展奠定基础。这种新的以人为本的教学方法，注重培养学生的求异思维和发散思维，学习过程成为学生培养个性、发展个性、表现个性的过程。

　　我依据布鲁纳的"学习学科知识结构"、"发现法"理论和新课程"探索、发现"的教学理念，创建出适用于物理竞赛教学的"自学探究、讨论交流"的竞赛教学方法。其基本结构是：根据竞赛教学的内容，提出问题→自学探究→讨论交流→提炼概括→运用创新。

　　在多年的教育教学实践中，我形成了自己的物理教学思想。我认为，物理教学应该使学生获得以下四方面的收获。

　　一是懂得物理学的价值。通过物理教学，学生懂得物理学在人类文明、科技发展中所起的重要作用，形成崇尚科学、追求真理、正直诚实的道德品质，能用物理学的概念、方法、态度去观察、分析、解释物理现象，形成良好的感知能力、唯物的世界观、科学的方法论。

二是形成物理学的能力。学生对自己的物理能力充满信心，掌握物理的主干知识，建立物理的认知结构，形成物理的思维模式，具有一定理论联系实际的能力。面对生活和生产的实际问题，能立即提取相应的知识点，建立物理模型，并用恰当的方法加以解决。在遇到困难、挫折时有较强的意志品质、比较稳定的心理状态、较高的思维监控能力，能及时找出原因、调整思考方向、改变思维策略，从而顺利解决问题。

三是掌握物理学的思想方法。物理学是研究物质形态、结构、性质和运动规律的科学，具有丰富的科学方法。例如，除归纳与演绎、分析与综合、类比与假想等逻辑方法外，观察现象、动手试验、模型思想、微分思想、等效思想、变换思想、对称思想、守恒思想等都是物理学研究的有效方法。它们是学生打开物理学知识大门的"金钥匙"，是提高物理能力的桥梁。物理课堂教学要注意物理概念的提出过程，物理规律的形成和发展过程，解题方法和思想的概括过程，使学生在这些过程中发散思维，形成科学的逻辑思维能力，掌握物理学的研究方法，并在此基础上发展其他思维能力，以形成良好的整体科学素质。

四是学会物理学的交流语言。物理语言是对物理概念、定律、定理的准确、简洁、深刻的表述，是进行物理交流的有力工具。准确的物理语言能帮助学生理解物理知识，领会物理思想，提高物理交往能力。

第一节　奋斗结出丰硕果

在教学中，我认真钻研教材，吃透教学大纲，根据学生的实际，采用灵活多样的教学方法，注重启发式教学，充分发挥学生的主观能动性，培养学生的思维能力和实验能力；不搞题海战术，做到精讲精练，向"四十五分钟"要质量，提高了课堂教学效率。我不断地探索和研究教学方法，提高了自己的教学水平，参加的各种教学竞赛，均取得了好成绩。

一、物理教学成果

(一)参加黄冈市青年教师物理课堂教学大赛荣获一等奖

1995 年 11 月，我代表黄冈中学参加黄冈市物理新教材课堂教学大赛，荣获一等奖第一名，相应教案发表在《中学物理教学参考》杂志(1996 年第 3 期)上。

(二)参加湖北省青年教师物理课堂教学大赛荣获一等奖

1995 年 11 月，我代表黄冈市参加湖北省初中物理优质课评选活动，荣获一等奖第一名，相应教案发表在《中学物理教学参考》杂志(1996 年第 7 期)上。

(三)参加全国青年教师物理课堂教学大赛荣获二等奖

1996 年 10 月，我代表湖北省参加第二届全国中学物理青年教师教学大赛，荣获二等奖，相应教案发表在《中学物理教学参考》杂志(1996 年第 12 期)上。

二、物理教研成果

　　《培养学生自学物理能力的方法与步骤》一文被推荐参加全国第六届物理教学改革研讨会，评为"具有较高学术价值并有实践指导意义"的论文，荣获一等奖。此文由黄冈中学申报，黄冈地区教委推荐，获湖北省教委授予的湖北省教育科学研究优秀成果三等奖和湖北省教育奖励基金会的奖励。

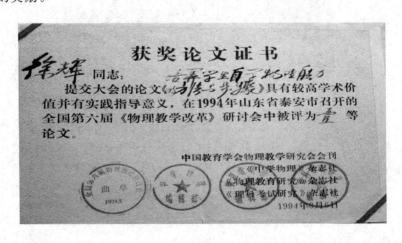

自 1985 年以来，我先后在《物理教学》《中学科技》《物理教学探讨》《中学物理教学参考》《中学物理》《中学物理报》《中国民族教育》上发表教学论文百余篇。

《高中物理解题方法与技巧》，1993 年由湖北教育出版社出版以来，重印多次并畅销全国。2014 年此书又由湖北教育出版社改版发行。《高中物理解题方法与技巧》面向全体学生，以学生为本，以学科知识为载体，重在培养提高全体学生的学科素质。

《怎样上好物理课》，2015 年由湖北教育出版社公开出版发行。《怎样上好物理课》突出物理学是一门自然学科，它来源于生活、服务于生活、发展于生活。物理学本身很抽象，有时甚至很枯燥。那么怎样才能让学生在单调、无味的课堂中认识到物理是有趣的、有用的呢？所以会不会上课，怎样上好课，是影响学生学习成绩优劣的一个关键因素。《怎样上好物理课》指导教师如何组织教学，才能够让学生轻松、快乐地学好物理。

三、物理竞赛成果

我从 1987 年开始从事物理竞赛培训工作，从 1999 年开始担任物理竞赛主教练工作，积极组织物理训练，取得丰硕的成果。所训练的学生中，有四人入选国家集训队，六人进入冬令营，还有 30 多人获湖北赛区国家一等奖。学生高俊在第 18 届全国中学生物理竞赛中表现突出，于 2002 年 5 月代表中国赴新加坡参加亚洲物理奥林匹克竞赛，获得金牌；于 2002 年 7 月代表中国赴印度尼西亚参加国际物理奥林匹克竞赛，获得银牌，为国争光。

第二节　社会肯定荣誉多

一、区级荣誉

（一）2012 年被评为南沙区名师工作室主持人

因为教学工作成绩显著，2012 年经学校推荐，南沙区教育发展中心上报，由南沙区教育局组织专家评审，经南沙区教育局批准，我被评为南沙区名师工作室主持人。

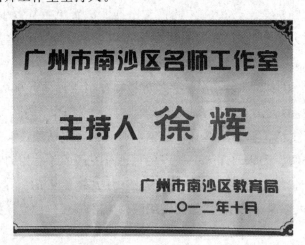

（二）2017 年被授予"南沙高端领军人才"荣誉称号

因为工作成绩显著，2017 年经学校推荐，南沙区教育局上报，由南沙区人民政府组织专家评审，经南沙区人民政府批准，我被授予"南沙高端领军人才"荣誉称号。

二、市级荣誉

（一）2000 年被黄冈市人民政府评为"首届学术技术带头人"，并享受黄冈市人民政府专项津贴

因为教学成绩显著，2000 年经学校推荐，黄冈市教育局上报，由黄冈市人民政府组织专家评审，经黄冈市人民政府批准，我被黄冈市人民政府评为"首届学术技术带头人"，并享受黄冈市人民政府专项津贴。

(二)2004 年被黄冈市教育局授予"黄冈市中等学校名师"荣誉称号

因为教学成绩显著，2004 年经学校推荐，由黄冈市教育局组织专家评审，经黄冈市教育局批准，我被黄冈市教育局授予"黄冈市中等学校名师"荣誉称号。

(三)2013 年被评为广州市"优秀专家"

因为工作成绩显著，2013 年经学校推荐，广州市教育局上报，由广州市人民政府组织专家评审，经广州市人民政府批准，我被评为广州市"优秀专家"。

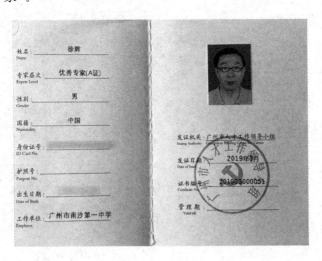

(四)2013 年被评为广州市"特级教师"工作室主持人

因为教学成绩显著，2013 年经学校推荐，南沙区教育局上报，由广州市教育局组织专家评审，经广州市教育局批准，我被评为广州市"特级教师"工作室主持人。

(五)2016 年获广州市"最美笑容老师"称号

因为教学成绩显著，2016 年经学校推荐，南沙区教育局上报，由广州市教育局组织专家评审，经广州市教育局批准，我获广州市"最美笑容老师"称号。

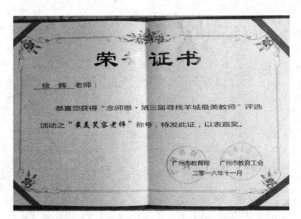

三、省级荣誉

(一)2001 年被破格晋升为湖北省物理特级教师

由于教学业务能力强，工作成绩显著，2001 年经学校推荐，黄冈市教育局上报，由湖北省教育厅组织专家评审，经湖北省人民政府批准，我被破格晋升为湖北省第六批中学物理特级教师。

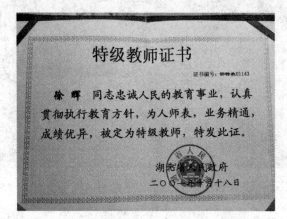

(二)2002 年被批准享受湖北省政府专项津贴

由于工作成绩显著，2002 年经学校推荐，黄冈市人民政府上报，由湖北省人民政府组织专家评审，经湖北省人民政府批准，我被批准享受湖北省政府专项津贴。

(三)2004 年被湖北省教育厅评为"湖北名师"

由于教学业务能力强，工作成绩显著，2004 年经学校推荐，黄冈市教育局上报，由湖北省教育厅组织专家评审，经湖北省教育厅批准，我被评为"湖北名师"。

(四)2012 年被评为广东省中小学教师工作室主持人

由于教学业务能力强，工作成绩显著，2012 年经学校推荐，广州市教育局上报，由广东省教育厅组织专家评审，经广东省教育厅批准，我被评为广东省中小学教师工作室主持人。

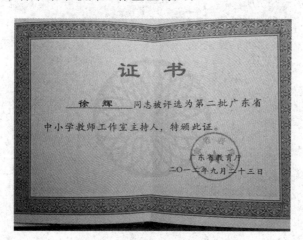

(五)2012 年被聘为广州大学专业学位硕士研究生指导教师

由于教学业务能力强，教学水平高，2012 年我被聘为广州大学专业学位硕士研究生指导教师。

四、国家级荣誉

由于在教育教学工作中做出了十分突出的成绩，经黄冈市人民政府推荐，湖北省人民政府上报，由国务院组织专家评审，经国务院批准，我成为享受国务院政府特殊津贴的专家。

第三节 各方点赞评价高

一、学生评说

学生心目中的好教师——徐辉

广州市南沙第一中学 2015 届高三（8）班学生 林家明

我很荣幸能为大家介绍我心目中的好教师——徐辉。

我心目中的好教师——徐辉，他是一位和蔼可亲的老师。记得我第一次上他的物理课的时候，当我看到我的物理老师是一位有慈祥笑容的老师时，我就庆幸我遇到一位不那么严的老师。在和徐老师相处的两年里，他给我的第一印象一直都没有改变，每当我遇到有关物理方面的难题时，徐老师都会鼓励我大胆的提出问题，他也会第一时间为我解答。因为徐老师的鼓励，他成为我高中阶段问问题最多的老师，也正是这样，我的物理才会飞快地进步。徐老师总是面带微笑地为我解答问题，尽管有时我很笨，但徐老师仍然耐心、仔细地为我解答。

除了和蔼可亲，徐老师在教学上总是以理服人。他在教我们学物理的时候，不只是要求我们学会书本上的知识，还要从中发现真理，他告诉我们，万物都要讲理，只有发现事物的本质，才不会被书上的死知识所束缚，这样的学习方法才是最好的。

徐老师还是一位尽职的老师。因为徐老师是学校的副校长、副书记，除了为我们授课外还要经常出差，以致辅导我们学习的时间少了。每当我们班物理考差了一点，他的第一反应不是批评我们，而是自我检讨，看到徐老师自责，我很后悔为什么物理不考好一点。徐老师为了拿出更多的时间辅导我们，经常晚修的时候过来。因为不能打扰其他同学的正常晚修，徐老师只能搬凳子坐在教室外为我们辅导，即使是在寒冷的冬天，徐老师也会冒着严寒来为我们辅导。

即将毕业的我犹如一棵成熟的大树。当我还是种子的时候，是徐老师的和蔼可亲唤醒了我；当我还是一棵幼苗的时候，是徐老师的教学方法令我可以顺利成长；当我幼嫩的枝干被狂风暴雨吹得岌岌可危的时候，是徐老师尽职的教导让我可以战胜一切，最终成为今天可以独当一面的参天大树。

我的徐辉老师就是这样一位用微笑面对生活，用道理教导学生，用责任对待事情的人。他是我心中的战鼓，一直鼓舞着我前行，他是无私的园丁，尽心尽力地为我们传道、授业、解惑。我会永远记住这位和蔼可亲的老师以及他教导过我的话：要讲理，才能行天下。

他是我心目中的好教师。

二、学生家长评说

家长心目中的好教师——徐辉

高俊的妈妈

徐辉老师为人师表，师德高尚，全面关心和爱护学生；积极配合家长做学生的政治思想工作，和学生交心、谈心，做学生的知心朋友，颇受学生的信任。他经常与我们交流高俊的学习、生活、纪律等方面的情况。特别是他带高俊到武汉大学和复旦大学集训期间给予高俊无微不至的关心和帮助，使我们深受感动。

他是一位深受学生和家长喜欢的好教师。

三、家人评说

家人心目中的好教师——徐辉

妻子　林琍

他性格温和，待人真诚，乐于助人。他热爱他的教学工作，勤勤恳恳，吃苦耐劳，几乎每天都坚持读书，写文章到深夜。我心疼他，劝他早点休息，他说马上好，但还在继续……他对教学工作有一种执着追求的精神。因此，他做出了很多的成绩，也获得了很多的荣誉，为儿子树立了很好的榜样。我们为他感到骄傲和自豪。他爱家人，工作之余尽量减少不必要的应酬，回到家中陪伴我们。一有时间就陪我逛街、散步，增进感情。偶有意见不一时，他大事坚持原则，小事稀里糊涂，经常让着我。他还经常夸我在工作上支持他，生活上关心他，是个好妻子。

在我心目中，他是一个好丈夫、好教师。

四、同事评说

同事心目中的好教师——徐辉

广州市南沙第一中学物理高级教师　彭晓春

徐辉老师于 2011 年调入广州市南沙第一中学任教。徐辉老师谦逊、博学，为人宽容。他周围的教师们都能感觉到他的学者风范与人格魅力。

以教育为生命，真抓实干。他在教书育人中实现个人的生命价值。在我校，一方面引领物理学科开展教学科研，另一方面在全校开展教学科研，使得科研促教学。推行导学案制，使教师们的教学方式不断更新，并在 2015 年高考中取得了很好的效果。

真才实学，谦逊博学。在众多的荣誉面前，徐辉老师从来就不曾停止追求教育事业的脚步。在搞好教学工作的同时，他很注意认真总结教学中的经验教训，进行教学科研，将自己在教学中的感想和疑问，撰写成文，与各位同行进行交流。

2011 年组建广州市南沙区徐辉名师工作室，他带领工作室教师和物理学科教师，进行教学科研，共同研究、共同提高、共同进步。广州市名师专项课题"物理讨论式教学活动课的拓展研究"已结题。

自 1985 年以来，他先后发表教学论文百余篇。他的教学成果及出版的书籍，在物理教学实践上起到了引领作用，让物理教师们受益匪浅。

海纳百川，有容乃大。徐辉老师几十年如一日地保持着对学生、对同事及对教育事业的热情。他对待学生有宽容之心与耐心，及时发现学生出现的问题，能够与学生交心，耐心地与学生交流。他仔细认真地辅导学生，易于亲近，深受学生爱戴。他对同事真诚坦率，胸怀宽广，作风民主，客观公正，与他共事的同事总能得到他温暖的关怀。他能听取各方的建议，然后确定工作方案，从而获得了同行的敬佩、教师们的尊敬与领导的信赖。

他是我们心目中的好教师。

五、领导评说

校长心目中的好教师——徐辉

广州市南沙第一中学校长、党委书记　邓斌

徐辉同志现任学校副校长、工会主席，分管学校教科研、工会、团委工作，同时兼任广州大学专业学位硕士研究生指导教师，是享受国务院政府特殊津贴的专家。徐辉同志以其独特的人格魅力影响人、管理人，为人朴实阳光，有亲和力；做事深思果决，有推动力；讲话风趣精练，有鼓动力；对同事既严格又体贴，有凝聚力；容物宽心，论事平心，处变定心，有很好的道德修养。自 2011 年调入我校工作以来，徐辉同志在深入了解学校情况的基础上，扎实工作，改革创新，体现了良好的素质和能力，做了大量切实有效的工作，是领导、教师、学生心目中的好教师。

1. 政治思想素质高

徐辉同志具有坚定正确的政治立场，自觉地在政治、思想、行动上严以律己，具有正确的权力观、事业观及责任观，忠诚和热爱党的教育事业，教育理论水平高，开拓创新意识强，遵纪守法，为人正派，作风严谨，有良好的道德水平和思想觉悟。

2. 工作扎实，团结协作

徐辉同志分管工作庞杂，但他仍然坚持上课，为人师表、教书育人、身先士卒、率先垂范。他经常深入教育教学第一线了解学校的实际问题和困难，倾听各科室及师生的心声，主动为广大师生排忧解难。为推进学校改革发展，他带领广州市南沙区徐辉名师工作室、广州市徐辉特级教师工作室、广东省徐辉教师工作室全体人员学习全国先进学校的办学经验，体验教学模式创新，并进行教育模式改革研究，将科研成果应用到教学工作中。

同时，徐辉同志始终维护学校领导班子的和谐团结，以谦虚的态度对待班子成员，以服务的态度配合其他领导开展工作，既坚持原则，又善于倾听他人的意见和建议，民主决策，敢于承担责任，不计个人得失，淡泊名利，团结和带领广大教职工坚决执行领导班子的决定，推进学校的改革和发展。

3. 以人为本，科学管理

徐辉同志始终把学校发展、学生发展、教师发展放在第一位，坚持以人为本，科学管理。一是以先进的教育理念，站在职业教育的最前沿思考学校的改革和发展，主动向校长和领导班子建言献策；利用教职工大会、班主任工作会等各种会议把先进的理念、前沿的理论和学校的未来蓝图，用形象的语言深入浅出地加以阐述，让理念生根，激发广大教师的工作热情和斗志，增强凝聚力。二是以敏锐的观察力和坚强的意志力打开分管工作突破口，推进学校教科研工作及工会工作规范化建设。

4. 工作业绩突出

到校任职以来，徐辉同志以求真务实的精神、先进的教育理念、科学的管理方法、扎实的工作作风，协助校长规范学校管理，锐意改革创新，内强素质，外树形象，开创了学校改革和发展新局面，2013年被评为广州市"优秀专家"，2016年获广州市"最美笑容老师"称号，为推进学校规范化、现代化建设，争创国家级示范名校建设发挥了引领作用，做出了突出贡献，是一名能担当重任的好教师。

六、媒体评说

由于工作努力，成绩显著，《湖北日报》2002年9月10日头版以《智慧奉献给教坛——黄冈中学物理特级教师徐辉速写》为题报道了我的先进事迹。

2003年6月22日，《黄冈日报》以《黄冈中学特级教师徐辉》为题报道了我的先进事迹。

2004 年 9 月 26 日，《黄冈日报》以《矢志育才为人梯——记湖北名师、黄冈中学物理教师徐辉》为题再次报道了我的先进事迹。

2014 年教师节，《南沙新区报》以《广州市南沙第一中学特级教师徐辉》为题报道了我的先进事迹。

2016 年教师节，在《广州日报》《大洋网》举办的"念师恩·第三届寻找羊城最美教师"活动中以《广州市南沙第一中学特级教师徐辉》为题再次报道了我的先进事迹，并获得"最美笑容老师"的称号。

参考
文献

CANKAO
WENXIAN

[1]徐辉.怎样上好物理课[M].武汉：湖北教育出版社，2015.

[2]许国梁.中学物理教学法[M].北京：人民教育出版社，1981.

[3]南冲.中学物理教学研究[M].北京：海潮出版社，1993.

[4]俞贯中，贝铮.中学物理图象及其应用[M].广州：广东教育出版社，1987.

[5]阎金铎.物理典型课示例[M].济南：山东教育出版社，2001.

[6]盛焕华.高中物理研究性学习[M].北京：龙门书局，2003.

[7]高峡，康健，丛立新，等.活动课程的理论与实践[M].上海：上海科技教育出版社，1997.

[8]费开伦.电磁场和电磁波的教学之我见[J].中学物理教学参考，1996(4).

[9]谭金川.寓科学研究方法于物理教学之中——兼谈《玻尔原子理论》的教学[J].中学物理教学参考，1995(5).

[10]郑志湖.理想气体状态变化图象应用的教学[J].中学物理教学参考，1997(4).

[11]徐辉.改革初中物理启蒙教学初探[J].中学物理教学参考，1995(7).